中国之旅丛书

U0873392

城市之旅

王杰◎著

五洲传播出版社

图书在版编目（CIP）数据

城市之旅 / 王杰著. -- 北京 : 五洲传播出版社,
2024.4
（中国之旅）
ISBN 978-7-5085-5175-3

Ⅰ. ①城… Ⅱ. ①王… Ⅲ. ①城市－概况－中国
Ⅳ. ①K928.5

中国国家版本馆CIP数据核字(2024)第057074号

城市之旅

著　　者：王　杰
出 版 人：关　宏
责任编辑：刘　波
图片提供：东方IC、China Foto Press、全景图片库、马云洁
蔡　苗、彭　辉、刘翠林、田　野、许　崧、赵明明
弦　歌、李克君、姚兰兰、张新民、周　静、方永向
出版发行：五洲传播出版社
地　　址：北京市海淀区北三环中路31号生产力大楼B座6层
邮　　编：100088
发行电话：010-82005927　010-82007837
网　　址：http://www.cicc.org.cn　http://www.thatsbooks.com
印　　刷：北京市房山腾龙印刷厂
版　　次：2024年4月第1版第1次印刷
开　　本：787 × 1092mm　1/16
印　　张：9.5
字　　数：40千字
图 片 数：152幅
定　　价：79.00元

目 录

前 言

中国的城市，大多有着深刻的历史背景，数千年前古人活动留下的各种人文遗迹、历史典故等，静静地躲在城市的一角，见证着城市的兴衰和变迁。这些历史遗迹积淀了独特的文化，成为城市内涵的标志之一。这些独具特色的东西让人们对城市充满了期待。

我们无法用简略的文字确切地概述一座城市的价值，但是可以确信，最能体现城市面貌的，除了悠久的文化遗产外，还有始终无法忽视的城市文化性格。中国的城市，无论是新兴的、现代的，还是那些浸没在古文化当中的，面对经济大潮和社会的发展，都会面临时尚和潮流的冲击，街道越来越宽，社区越来越密集，建筑形式也越来越丰富。然而，不管怎样改变，城市的个性空间总是存在的，地缘和历史凝聚的文化情结，会依然融合在城市的面貌当中，而且历久弥新，形成鲜明的城市印记，让人细细地去品味、解读。

传统文化、民俗色彩和日新月异的发展，构成了中国城市固有的魅力。在中国的城市中，环境、布局、景观、格调等若干元素，正以或古典或现代的面貌，展现着城市生动迷人的细节。有的城市已成为一种特有文化的载体和标志，比如人们提到拉萨，就会想到圣洁和纯净；提到丽江，就意味着浪漫和古典；提到北京，则透出中华古都的大气和雍容……不同的自然风貌、历史底蕴和生活内容，结合成色彩鲜明的文化，在城市这个容器里得以体现。透过城市的高楼林立和车水马龙，我们可以领略到更多精彩的风景。

北　京

中国的眼睛

西方人对东方文明的向往，通常是从古都北京开始的。北京是中国的首都，也是一座著名的历史文化名城，作为历史上辽（907—1125）、金（1115—1234）、元（1271—1368）、明（1368—1644）、清（1644—1911）的京都，北京皇城地位至尊。近代以来，这里发生了很多重大历史事件，让世界关注。北京被认为是中国和中国文化的象征，中华文明的博大与厚重，都可以在这里被感受到。即使在今天全球化、多元化浪潮的冲击下，北京仍是中华文化的中坚代表，其悠久的历史文化气息一直延续，彰显着古老文明的非凡魅力。

作为曾经的王者之城，北京的历史遗迹是值得细细品

故宫，太和殿前的日晷。

味的。北京至今仍完好地保存着大量明清时期的珍贵遗存，它们构成了皇城文化的主要内容，其核心是紫禁城，也就是今天的故宫。故宫是世界上规模最大、保存最完整的帝王宫殿建筑群，占地72万平方米，其建筑存至今日者，有大小院落90多座，房屋8700多间。它们见证了中国最后两个封建王朝的兴衰。1987年，意大利导演贝托鲁奇（Bernardo Bertolucci）在故宫内实景拍摄了电影《末代皇帝》，在第60届奥斯卡颁奖典礼上一举夺得九项大奖，这部电影用胶片展现了让全世界为之神迷的中国皇城。1925年10月10日，故宫首次向公众开放，至今已近100余年，但它依然保留着让世人惊叹的神秘和庄重。这就是中国传统文化的特质，即便完全开放，外人也不一定能马上弄明白，而且越浸入其中越觉得深邃。这些特质在其他遗迹上面也有体现。北京另一世界文化遗产天坛，是明清皇帝祭天和祈祷丰年的地方，是世界现存最大的祭天建筑群，青松翠柏掩映着象征苍天的蓝色建筑顶，肃穆而神圣。从明代到清代近500年的时间里，这里一直是帝王禁地。现在它有北京城内面积最大的绿地，共有柏树6万余株，其中百年以上的古柏就有4000多株。还有那“移天缩地在君怀”的皇家园林颐和园，它们从过去帝王专享的庙堂和庭园变成了今天大众的乐园，但依然保持着传统的面貌，庄严肃穆的文化特征丝毫没有减弱。

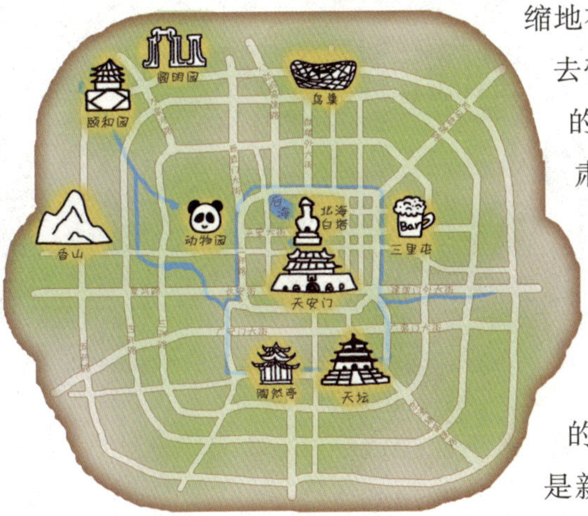

北京的神奇之处在于雄伟的遗迹和浑厚的文化相呼应，带来典型的中国味道，又深刻地影响着今天的生活。大家熟悉的天安门广场就是这样的，它是首都最大的城市中心广场，也是新中国的象征。中国的孩子从小就会唱

《我爱北京天安门》这首歌，游客到了北京，在天安门前留个影往往是最好的纪念。这个地方跟中国的历史紧密联系，在政治生活中具有无可替代的作用。从这里发出的任何一个讯息，都有可能马上引起世界范围的关注。天安门的位置特殊，处于北京南北中轴线的正中，是古代皇城的正门，数代王朝都在这里举办国家大典。1959年广场改造扩建并向群众开放，过去专属帝王的皇家禁区，成为向所有人开放的城市广场。现在，每天清晨都会在这里举行庄严的升国旗仪式，这是首都一项极有特色的爱国主义文化活动。

作为明清两代的京都，北京有着浓郁的中国风格，同时也有着包容四方的大气。它与生俱来的贵族气质和京派十足的平民文化是和谐共存的。这里不仅有红墙碧瓦、宫阙楼

造型精巧优美的故宫角楼

胡同人家

台，也有古老的城市小巷和传统的院落生活，其中四合院和胡同被认为是真正的京味文化所在。在北京紫禁城周围，有着几千条胡同，大部分形成于中国历史上的元、明、清三个朝代。它们是了解北京传统文化和风土人情的绝好去处，漫步其中，从墙根儿到公园，市井文化热闹非凡。从国粹到时尚，从典故到政局，普通市民张口就能滔滔不绝，他们的审美情趣和谈吐气质，跟北京一样充满大气和从容，让人不由自主地想亲近。精英知识分子喜欢汇聚到北京，北京的文化传统吸引着他们迅速融入其中，北京新鲜的政治文化资讯又让他们感觉如鱼得水，由此，这里聚集了中国最优秀的高等学府和学术人才。

今天的北京正在呈现两种不同的面孔：一方面是传统

的古都，另一方面是蓬勃发展的现代都市。自成功获得2008年夏季奥林匹克运动会的主办权之后，北京更是加快了城市建设的速度。奥运会的主体育场——国家体育场“鸟巢”建筑，成为国际上独一无二的设计，充满了现代时尚的气息。然而北京城的古典巍峨并没有受到这些钢筋水泥建筑的影响。北京就像一个浩瀚的大海，具有强大的兼容能力。面对摩登和时尚、国际和现代的不断冲击，北京一概不排斥，而是在传统文化的基础上吸纳并蓄，这让北京依然保持高贵和神秘的中华特色，并且变得更加博大雄浑。

奥运场馆“鸟巢”建筑

胡同里下棋的老人

上　海

在国际的舞台上

上海是中国乃至远东首屈一指的现代化大都市，在这个开埠160多年的城市里，不仅有传统的工业，发展极快的信息产业、电子和航天科技，还有与世界接轨的金融业。越来越多的外国投资者，用他们的实际行动，表明了他们对上海的认同和偏爱。全球500强企业中，超过一半选择了在上海投资。2005年底，伦敦金融城的一篇报道提到了经济飞速

上海的一个三口之家

发展的中国上海，说这个城市在未来的岁月中，有可能成为继伦敦、纽约之后的全球第三大国际金融中心。此时，全球十几家国际品牌的酒店已经进驻上海，中国央行上海总部已经设立，中国的货币、证券、黄金、期货、外汇五大金融交易市场也都落户上海。有人因而把上海称作中国的“经济首都”。

矗立着几十幢欧洲风格建筑的外滩，是黄浦江畔标志性的景观，被称为“万国建筑博览会”。20世纪20年代，西方列强在中国掠夺财产的同时，也为上海留下了“从苏伊士运河到远东的白令海峡之间最讲究的建筑”。这些大厦有哥特式、巴洛克式、罗马式、中西合璧式等，在建筑设计上追随西方文明的建筑群，又跟现代气息有惊人的吻合。天然的地标优势，让这黄浦江畔的建筑群，成了中国顶级的时尚商业区，吸引着数以万计的国内外游客和都市白领，感受上海东西交汇的特色和情调。

上海的石库门房子，是一种很有特色的中国南方建筑样式，现在还有很多上海市民住在里面。石库门房子是在上海开埠之初建立的，当时由于战乱，许多内地的有钱人躲进了租界。为了便于管理，租界在指定的地块上兴建了大批集体住宅。这些住房为立帖式结构，像兵

黄浦江边的东方明珠广播电视塔

营一样联立成行，并由行列组成网络，一排连着一排，中间形成弄堂（通道），人可以在弄堂里面自如穿行。石库门保持了中国传统民居即四合院的建筑模式，前有小门厅，中有小院子、东西两厢房，门口则是用条石砌成的门框，有两扇乌漆大门。门上方简洁的图案，却具有欧洲古建筑装饰的风格。

石库门是昔日大上海社会的一个缩影，也是今天上海国际化的见证。位于淮海中路南侧的上海新天地，就是由石库门建筑发展而来的最具代表性的时尚地段。这里的建筑群

国际时尚的聚会

保留了当年的砖墙、屋瓦、石库门，但是走进每座建筑的内部，各类时装店、主题餐厅、咖啡酒吧等让人眼花缭乱，它们追随着国际潮流，洋溢着中西混杂的风情。还有很多港台明星经营的酒吧等，更是流行文化的发源地，这里经常会看到熟悉的明星身影。这里的西餐厅，每晚8点就开始上演充满异域风情的舞蹈和幽默马戏，连绵不断的笑声，总能引来楼下的路人驻足倾听。新天地里，还有摆满代表前卫与时尚展品的各类艺术中心，它们相对静谧，楼上楼下充满了传统文化的纯粹和流行元素的耀眼，吸引着衣着时尚的年轻人不断前来。到了午夜，新天地的生活似乎才真正开始，人越聚越多，摩肩接踵。临街的星巴克咖啡，挤满了各种肤色的人群，橘黄色的灯光下，人们一手搅动咖啡，一边轻声细语地交谈，神态很是悠闲。

国际化的上海也是文化艺术人才荟萃的地方。对于旅居中国的西方人而言，上海是最让他们感到亲切的中国城市，因为上海一年四季文化交流和演艺盛事不断，国际顶尖的音乐、文化和体育赛事经常选择在上海举行。视野之内，众多

弄堂里玩足球的小男孩

世界一流的展览和艺术盛宴随时上演。无论是潮流还是资讯，上海都是跟世界同步的，旅居上海的人，不会产生文化交流上的陌生感。五方杂处、中西交融的上海，散发着独特的气质，它极具现代化又不失中国传统特色，吸引着全球范围内越来越多关注的眼光。

天　津

百姓乐园

一直以来，天津都不是一个张扬的城市。然而，它却是可以和首都北京相提并论的。它西邻北京，是中国北方最大的沿海开放城市。近代史上，天津见证了中国轻工业的繁荣和发展。即便是今天，它也是头顶“中国四大中央直辖城市”和“环渤海地区经济中心”等荣耀的核心城市。

天津是海河五大支流的汇合处和入海口。明成祖朱棣在他登基做皇帝的第二年（1404），把这里作为军事建置命名天津卫，此后筑城，逐渐形成中国北方最大的金融商贸中

夜色中的天津

五大道地区的西洋建筑掠影

心、贸易活跃的商品集散地和充满活力的国际港口城市。

天津是一个经历过多元文化浸润的城市，近代历史上的风云变幻，给这个城市留下了别具特色的遗存。最有代表性的就是矗立在城区的各色建筑，其中既有雕梁画栋的中国古建筑，又有数百栋新颖别致的西洋建筑，它们承袭着历史的痕迹，也给天津带来了荣耀。在五大道地区，集中了很多风格各异的欧式小洋楼，还有一些中西合璧的公馆，景色迷人。另外，蓟县保存的中国最古老的木结构高层楼阁建筑独乐寺，和地处海河南岸大沽口的天主教堂望海楼，无论是建筑还是装饰，都是建筑史上的奇迹。如此众多的民族古建筑和西洋建筑在同一个城市交相辉映，这在中国乃至世界城市中都是少见的。天津的历史记忆，就在这些珍贵的历史遗迹和各色建筑中得以留存。

得风物厚泽的天津，在岁月间倾露的民俗风情也是诱人的。中国最早的收音机节目里，总是流淌着天津曲艺的美好韵味。有板有眼的京韵大鼓、诙谐幽默的相声等，给亿万民众带来了欢乐。已故相声艺术大师马三立、马季等，都是从

热爱曲艺的天津人

天津走出的平民化表演艺术家代表，他们在中国有着很高的知名度。今天活跃在中国艺坛的明星，还有不少是从天津的茶馆里走出去的。由于深受艺术之风熏陶，天津茶馆里的服务也充满了表演的魅力。比如那独特的冲茶汤技艺，足以和杂技媲美。半米高的龙嘴大铜壶，里面装满滚开的水。侍者一手执碗，一手扶壶柄，在碗口和壶口距离五六十厘米的地方，准确地将水注入碗中，水不洒不溢，动作干净利落。

至于那闻名中外的杨柳青年画、泥人张彩塑，更是年复一年地传递出民间文化的生动典雅。杨柳青年画是木版印绘结合的制品，因在天津市西南杨柳青镇生产而得名，至今已有400年的历史。其取材内容包括历史故事、神话传奇、戏曲人物、世俗风情以及山水花鸟等，与普通民众的生活密

天津鼓楼商业街上的“泥人张”工作室

切相关，体现了天津的平民特色。天津泥人是充满趣味的民间艺术，在清代乾隆、嘉庆年间就已享有很高声誉，泥人形态逼真，装饰以色彩、道具，十分生动有趣。

重　庆

好山好水的生活

在中国的地理版图上，重庆是比较独特的一个点。它坐落于长江和嘉陵江的交汇处，四面环山，江水回绕，是一个从码头繁衍出来的城市。整个重庆城是依山傍水构筑的，楼房重叠错落，有的跟山头齐平，有的路在楼顶上方，山和城市融合到了一起。市区内道路陡峭，坡度很大，所以修建的时候不得不上下迂回。主要干线依着山脊线蜿蜒曲折，支线则多分处于两侧坡地上。听老年人说，20世纪70年代，重庆是把电缆车作为交通工具，用电缆带动车身在陡坡处向上或向下缓行，像电梯一样。这种交通工具十分适应山城的地形特点，不过现在完全被市内公交车以及新兴的轻轨替代了。

重庆美丽的晚霞中，长江上的过江缆车。

重庆以山城扬名，也以江城著称。境内江河纵横，长江干流自西向东横贯全境，流程长达665公里，嘉陵江自西北而来，汇入长江。近年来重庆提出了“第一江城”的概念，修建了多条滨江大道，它们成为继火锅、红岩之后重庆的新名片。比如繁华的南滨风情路，这里有全国唯一的僧尼合一的慈云寺、法国水师兵营、老街、太古洋行等景观，未来将成为城市的最高点。还有北滨大道，是一条商业休闲和观光旅游的大道，那里的灯饰布局充满诗情画意。这两条滨江大道，展现了当代重庆人的生活休闲方式。一个从码头繁衍出来、被大江大河孕育的山城，在生活方式上重新归依江岸，是不是一种追求跨越的心理？不管如何，重庆还是如愿以偿。2006年5月，在宜昌、武汉、哈尔滨、南京等全国十多个

重庆市中心的标志建筑——解放碑

城市争夺的情况下，“第一江城”名头花落重庆。重庆，这座中国最年轻的直辖市，把山、水、城完美地结合，形成了独特的城市格局和景观风貌。

因为地形特殊，潮湿的空气长期处于饱和状态，重庆市区内很容易就大雾笼罩。气象部门专门作过统计，重庆全年平均雾日是104天，这个数字比“世界雾都”英国伦敦多出10天，比“远东雾都”日本东京多了49天。这样看来，重庆雾日之多不仅是全国之冠，就是世界著名的国际雾都也望尘莫及。每当山城起大雾之日，楼宇、树木、山顶等都被浓雾笼罩，遮天蔽日的，人在对面十米处彼此都看不见。市区内的

重庆万人火锅得到吉尼斯认证，市民举杯祝贺。

汽车不得不开着大灯，一点一点地往前移动。两条江中的轮船也乖乖地停泊在渡口，不再移动半分。山城的雾在很长的时间以来，影响了城市的交通出行，但偶尔路过这个城市的游客，若碰巧遇到大雾，会觉得在这个城市生活别有情趣。雾中有城，城中有雾，人车都在雾海当中，四周白茫茫一片，感觉像到了仙境。

最初进入这个城市的人，最想欣赏的，应该是重庆的夜景。欣赏重庆夜景的最好地点之一就是重庆旧城区的枇杷山公园。这个公园在渝中区的枇杷山上，海拔345米，山上还有一个亭子，叫红星亭，是制高点。人站到上面放眼俯视，东西北三面尽收眼底。万家灯火连成一片，像一片花火的海洋。脚下奔

朝天门码头戏水的人们

腾的长江和嘉陵江中，也有灯火点缀，气派的嘉陵江大桥上两边的路灯，清晰地倒映在水中，看起来像天空中的繁星，十分耀眼。

寂静的夜里，偶尔还会从朝天门码头传来响亮的船笛。朝天门就在重庆城东北长江、嘉陵江交汇处，两条江水，一条碧绿，一条褐黄，交汇处清浊分明，像野马的鬃毛一样，声势浩荡，十分壮观。江水纠缠着远去之后，奔泻千里，直通三峡，成为长江上的“黄金水段”。

从这里，顺流而下，则走入更广阔的长江。到了重庆奉节白帝城，就到了长江三峡的起点。

哈尔滨

冰雪中的童话

地处中国大地的北端，哈尔滨的冬天漫长而寒冷，一年当中有四个月是冰天雪地。这种得天独厚的优势，使哈尔滨成为著名的冰雪旅游胜地，雪雕、冰灯、松花江冬泳、高山滑雪等冰雪文化运动在国内外享有盛誉。

冬季的哈尔滨，人们用自然的冰雪创造出了无限的欢乐。各式各样的雪雕洁白美丽、惟妙惟肖，每件都是难得的

兆麟公园的冰雕作品

艺术品。国外不少优秀的冰雕艺术家，也常常在每年12月到翌年2月的冰雪节期间赶到哈尔滨，参加冰雕创作。哈尔滨的冰雪大世界，汇聚了各国艺术家的冰雕作品，被称作“冰雪迪士尼乐园”。这里冰雪艺术景观最多、冰雪娱乐项目最全、夜晚景色最美，活动也最精彩。除了观赏冰景奇观外，还可以体验冰酒吧、冰旅馆、雪地摩托车、攀冰岩、滑雪、雪地激战等。

圣·索菲亚教堂，倾听来自岁月深处的钟声。

哈尔滨是中国冰灯艺术的发祥地。冰灯艺术博览会自1963年创立，迄今在兆麟公园成功地举办了33届，先后创造了七项吉尼斯纪录，是目前世界上形成时间最早、规模最大，并已成为传统项目的大型室外冰灯艺术展。巧夺天工的冰灯艺术，是大自然与人类智慧相结合的美丽产物，它让严冬里的哈尔滨散发着绚丽的光彩。

冰灯通常是和建筑融合在一起的。哈尔滨是颇具欧洲风情的中国城市，其市内建筑中西合璧，具有浓郁的东欧情调，素有“东方莫斯科”之称。庄严雄伟的圣·索菲亚教堂、神秘典雅的尼古拉教堂、造型奇巧的俄罗斯木屋以及全部欧式建筑的中央大街，都彰显出哈尔滨独特的建筑魅力。

街头画像成为哈尔滨街头一景。

中央大街是哈尔滨的欧式建筑中最具代表性的地方。人们漫步在这条街上，会觉得自己是在一个欧洲城市。这条亚洲最长、最美的步行街，浓缩了哈尔滨的历史和美丽。中央大街是哈尔滨的标志性街道，它融建筑艺术、商业、文化、旅游等多种功能于一体。在20世纪30年代的时候，它是远东最著名的移民街，街道两侧洋行商店、饭店旅馆、舞厅影院、餐馆酒吧林立。在建筑上，更是荟萃了文艺复兴式、巴洛克式、新艺术运动建筑等多种风格，体现了西方建筑艺术的精华。如今，哈尔滨对中央大街进行了大规模欧式化修复。当人们在这条艺术走廊穿行的时候，不时会听到索菲亚教堂传来的钟声。

每年冰雪节期间，中央大街上到处都是冰雕雪塑，进入其中，仿佛到了一个神奇的童话世界。这里用冰建造了冬宫、彼得城堡、红场甚至冰雪驿站。很多游客还选择在冰雪

冰雪世界的欢乐

驿站里住宿。

冰天雪地的哈尔滨，还有更让人出乎意料的：在零下十几摄氏度的天气里，竟然还有人跳进松花江冬泳。如今，这样的冬泳场景也成了哈尔滨最值得一看的旅游奇观。一般的游客是不敢尝试冬泳的。但冰雪世界总能让人找到适合自己的欢乐。在松花江上可以驾冰帆、坐雪橇，还有各式各样的滑雪场，能够让人痛快地体验雪上飞驰的感觉。

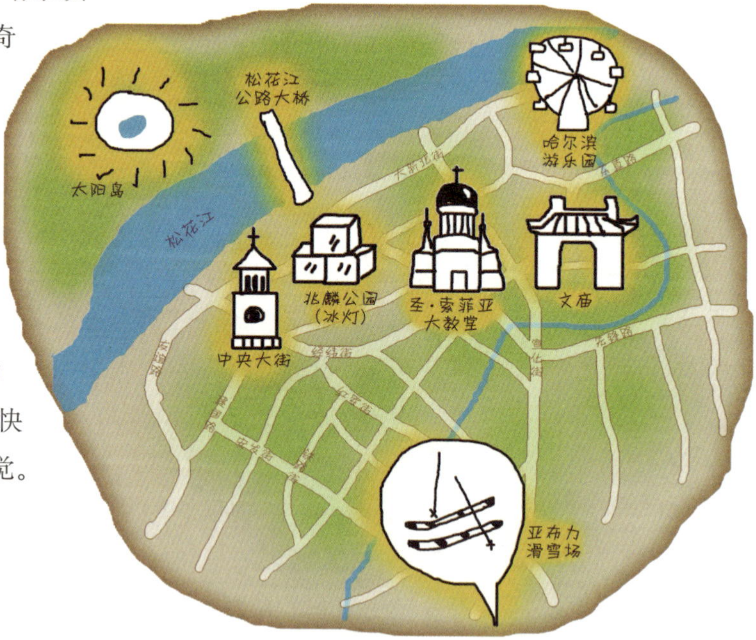

沈　阳

东方鲁尔

沈阳世博园一景

沈阳是中国东北最大的城市，也是中国重要的工业基地和历史文化名城。1625年，清太祖努尔哈赤迁都于此，1636年，皇太极在此建立清王朝。1644年，清军入关定都北京后，确定沈阳为陪都，清文化遗存成为沈阳的重要特征，其中最著名的，是清政府迁都北京前的皇宫、号称“陪都宫殿”的沈阳故宫。在中国现存皇室建筑群中，沈阳故宫的规模和保存状况仅次于北京故宫。与中国传统的皇宫建筑不同的是，沈阳故宫的建筑格局，脱胎于游牧民族的帐殿，有着浓郁的游牧文化特征。比如，沈阳故宫的寝宫比正殿高，这是满族在山林中游猎时择高而居的生活习惯的延伸。

街头的冰糖葫芦

另外，沈阳故宫建筑群东路的大政殿，从建筑上看就是一个亭子，不过规模很大，装饰也很豪华，被当作宫殿供清帝办公和举行大典。大政殿两侧的十座亭式小殿，是给朝廷大臣办公用的，由北向南呈雁行分布。这11座亭子就是11座帐篷的化身，显示了游牧民族从流动、迁移到固定下来的文化发展历程。

沈阳故宫的主体部分初建于公元1625年，清朝的康熙、雍正、乾隆三朝又加以修缮、增建。沈阳故宫融汇了汉、满、蒙、回、藏等多民族建筑的艺术风格，成为中国传统文化和民族风格融合的重要标志。2004年7月，联合国教科文组织第28届世界遗产委员会会议，批准了沈阳故宫作为明清皇宫文化遗产扩展项目列入世界遗产。沈阳同时被列入世界遗产的还有被称为“盛京三陵”中的福陵和昭陵。其中福陵是清太祖努尔哈赤和孝慈高皇后的陵墓，昭陵是清太宗皇太极和孝瑞文皇后的陵墓。这些遗迹体现了浓郁的满族风情，记录着清王朝数百年间的风云变幻，让沈阳成为中国独一无二的“清文化城”。

沈阳的“一宫两陵”，作为研究清文化的起点，是海内外学者竞相追逐的热点。但是他们到了沈阳就会发现，除了这些货真价实的清文化外，沈阳的工业文化也是赫赫有名的，跟清文化一样名声在外。

沈阳被称作“东方鲁尔”，自20世纪五六十年代起，就是中国最大的重工业基地。在这里，中国自行设计研制了第

昭陵日出

沈阳工厂车间流水线上的汽车

一架高空高速歼击机和歼击教练机，还生产了第一枚地对空导弹。此外，沈阳还能制造世界上最复杂的民用飞机零部件和最灵巧的机器人。工业文明的发展也让沈阳拥有了标志性的文化和设施。数十年以前，沈阳半个城区都分布着高耸的烟囱。一个个工厂像游戏拼图一样，密密麻麻地分布在城区之间，它们制造出了中国所需的各种工业机械。工厂生产忙碌的时候，每天都有数以万计的产业工人骑着自行车一路飞奔，在街头和厂区，常常能听到叮叮当当的车铃和饭盒声。

当然，今天的沈阳街头已经看不到这样的场景了。当传统产业向新兴产业转变的时候，沈阳市区有很多超过50年历史的厂房和建筑被保留下来，成为见证沈阳城市发展的工业文化遗迹，也载入了沈阳城市的历史记忆。这些遗迹成了现代人热衷的工业旅游项目，是沈阳旅游文化的一部分。

近年来，沈阳从一个传统的工业城市，成功地转变为一个生态城市。2006年沈阳成功举办了世界园艺博览会，给世界带来奇迹。沈阳“世博园”总规划面积5.3平方公里，建设了100个风情展园，是迄今为止世界园艺博览会历史上占地面积最大、展园数量最多的一个。其中既有反映中国传统文化的国内园，也有充满异域风情的国际园，还有展示各种珍奇的专类展园。世博会给沈阳留下了四大主题建筑，其中高125米的百合塔，像是刚刚开放的百合花，它是世界上最大的雕塑体建筑，在塔上可鸟瞰全园风景。

大 连

阳刚与时尚

大连是中国著名的海滨旅游城市，素有“北方香港”的美誉。蓝天、碧海、白沙构成了那里美丽的海滨风光。人们称赞大连不是把花园建在城市里，而是把城市建在花园里。大连不大，却是中国广场最多的城市。全城共有80多个广场。在大连，地方再小，只要有四面辐射的街道，中心就会被用来建广场，并种植绿地。大连的绿化覆盖率达到了41%。骑着高头大马的漂亮女警察在广场巡逻，是城市街头的一道风景，让外地游客羡慕不已。大连散发着国际化的时尚都市魅力。

其实，大连最早的知名度是跟足球有关的，足球让这个美丽的海滨城市更加光彩四溢。足球运动在大连有着很高的地位，从市长到普通百姓，都有着很深的足球情结，足球也

大连星海广场

足球城大连雄厚的后备军

给大连人带来了巨大的荣耀。从新中国成立后开始，大连向国家球队输送了120多位足球队员，这个数字在国内各城市当中是首屈一指的，它让大连成了中国名副其实的足球城。更重要的是，早些年，大连的足球一直在全国保持着无法撼动的霸主地位，连续十年的甲A联赛，大连足球队七次夺取冠军。在球迷眼里，足球成为大连重要的魅力元素。每逢重大比赛，大连人就像过节日一样激动。

足球的霸气造就了城市的名气，在大连球队远征的时候，紧随前去助威的大连球迷爆发的热情，连主场的球迷都很吃惊。球迷和足球一起，帮大连打造了一张最具有代表性

滨海路，风景如画。

的城市名片，让所有喜欢足球的人提起这个城市都为之痴迷。

当然，大连的魅力不仅源自足球。在国际上享有盛名的大连国际服装节，同样也展现了大连的城市风采。

大连在改革开放以后，就以“敢穿”天下闻名。20世纪80年代，在国内其他城市还没有找到发展定位的

时候，大连首届服装节就大张旗鼓地开幕了。这个富有时尚气息的举动，引领着当时城市服装消费的潮流。服装节结束后，中国各地的服装经销商都跑到大连进货，回去往服装商场一挂，总能吸引很多追求时尚的姑娘小伙儿的注意。

大连国际服装节把流行风尚和城市文化融合到一起，创造出了吸引眼球的文化经贸活动。尽管近年来不少城市都学着搞起了各种各样的服装节，但看过大连服装节的人，却觉得似乎只有在大连举办的才是最地道的。大连服装节，已成为集经贸、文化、旅游于一体的国际性经济文化盛会。每年9月，众多时尚名模、顶级设计师和名人、政要、影星、歌星都来到大连，星光灿烂，满城男女老少的情绪也随之激荡起来。外国友人称大连国际服装节是“大连的狂欢节”。

大连服装节，时尚的聚会。

服装节对这个城市来说，似乎就是一件靓丽的外衣，把大连装扮得很漂亮，也让大连人充满自信。在服装文化潮流的熏陶下，大连人的服装品位更显突出，这种消费文化的优雅，也促进了大连的城市文明。在足球和服装组成的阳刚与时尚里，城市也愈发干净漂亮。

杭　州

江南忆

杭州是一个让人充满向往的城市，人们提到它的时候总会说“上有天堂，下有苏杭”。那里有美丽的西湖，有着许仙和白娘子不老的爱情传说。意大利著名旅行家马可·波罗（Marco Polo）赞叹它为“世界上最美丽的华贵之城”。优美的风景和动人的传说，富庶的经济和惬意的生活，使这个城市充满了经典的东方美。

西湖，让杭州散发着经典的东方美。

西湖飞来峰
的摩崖石刻

西湖是杭州风景的代表，西湖的一草一木、一屋一椽，都散发着浪漫主义的魅力，吸引着四面八方的人们。去杭州旅游，不去西湖，就像没有到过杭州一样。在杭州人看来，西湖是他们的宝贝，是这个城市美好生活的象征。杭州的繁荣跟西湖有很大的关系，从最初的城市供水，到旅游带来的财富，甚至地产的开发，都离不开西湖。

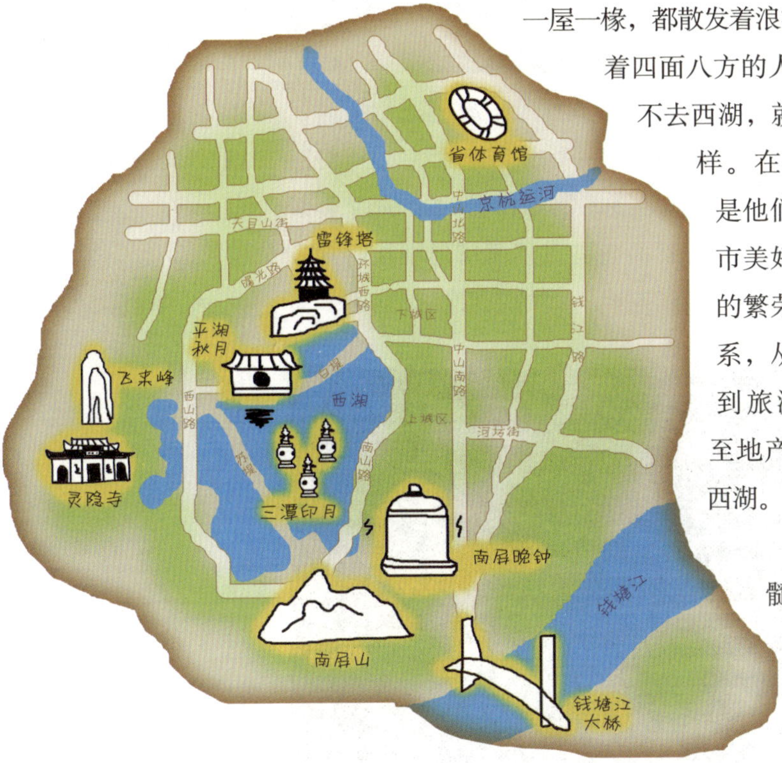

西湖是杭州的精髓，也是杭州人的骄傲。在中国，很难再有一个城市像杭州这样，和一池湖

水有着如此深厚的联系。从诗人白居易到文学家苏东坡，从女诗人苏小小到女革命家秋瑾，西湖边的每一块石头，几乎都沉淀了诗歌和故事。温柔的水，悠然的山，随风摇摆的柳条，这样的西湖景色会让再匆忙的游人也变得心平气静。不少外地人对西湖一见钟情，把家安在了杭州。

如今，杭州政府又在西湖边上增加了很多亭台和水岸码头，把西湖打造成了美得让人心醉的艺术品。在晴天，在雨天，西湖都像一个美丽脱俗的东方姑娘。苏东坡别出心裁地把西湖跟中国历史上有名的美人西施相比，在诗人的眼里，西湖怎么看都是好的，有西湖的地方就是人间天堂。每天傍晚，南屏晚钟会从西湖南边的净慈寺里传出来，整个湖畔都能听得到。游客乘着挂满彩灯的画舫，在夜色中游览西湖，如同穿梭在美妙的梦境中。

跟这种环境相融合的，是杭州休闲的都市氛围和文化生活。从城里到城外，杭州都让人感觉舒服，忘记一切烦恼。西湖边上分布着很多有名的茶馆，茶馆里装潢考究，丝竹声声，到了夜里会有一丝迷离之感。例如西湖边上的青藤茶馆，是根据中国美术学院设计而建造，里面精巧细腻的东阳木雕饰品处处可见。坐在西子湖畔，喝的不仅是茶，更是精

清明时节，采摘新茶，西湖龙井飘香。

钱塘江潮

致的文化。如今这种茶文化还传播到了西湖边上的村庄。杭州有一个叫龙坞茶村的地方，每年都会举办茶节，游客可以进村参加很多跟茶有关的活动，比如看炒茶、购茶、欣赏地方戏曲，还有吃农家饭、喝龙井茶。

“人间天堂”的购物环境之好也是大家公认的。在杭州，游客可以买自己喜欢的丝绸，吃著名的东坡肉。下雨的时候，可以撑一把杭州产的“天堂伞”，走在细雨里，感受杭州的浪漫与优雅，体味这个水样城市的灵性与闲情。

杭州的水不仅充满着柔情和浪漫，还包含着大自然的神奇力量。杭州还有一处跟水有关的世界奇观，就是闻名中外的钱塘江潮。浙江每年都要举办国际钱塘江观潮节，地点就在杭州市海宁盐官镇。每当潮涌来临，声音像打雷一样，波涛汹涌，掀起很高的浪墙，气势如同海啸一般。它跟西湖好像一对兄妹，一个强悍，一个妩媚，一动一静。钱塘江观潮的风俗从中国汉唐时代就开始了，一直延续到今天。每年9月至10月间，观钱塘潮成为杭州游客固定不变的游览内容。

南 京

十里秦淮流过

南京是一座有着很深历史积淀的城市。大江环绕，湖光山色，古城墙巍然挺立，南京散发着永远的古都魅力。三国时期东吴（222—280）在此定都，使南京从江东一县一跃成为国都。接下来的320多年间，东晋（317—420）和南朝

南京市民在美丽的秋色中垂钓。

（420—589）的宋、齐、梁、陈相继建都于此，一座历史文化名城从此开始奠基。趁着北方连年战乱，这些地处江南的王朝以南京为中心迅速发展，形成了让人惊叹的“六代豪华”。东吴时候的南京人，已经能够造出装载3000人的大船，并且扬帆出海，到达柬埔寨、越南中部和中国的台湾地区。到了南朝时期，经过历代营建的南京，建筑艺术达到很高的水平，“梁式建筑”还传播到了日本等地，如今在日本被当作国宝。只是很少有人知道，这种“梁式建筑”原来是从中国古代的南京传入的。

可惜经过古代历史上数次战争浩劫，南京的城池毁坏严重，如今的南京已经很难见到精美的六朝建筑。不过那些建造于明代的建筑，还是比较有特色的，其中就包括“总统府”。这个有着600多年历史的庭院，最早是明代皇帝朱棣给儿子朱高煦建造的汉王府，在中国清朝时期，清政府设立的两江总督衙门一直在这里办公。辛亥革命（1911）之后，中国的民主革命先行者孙中山先生在此就任临时大总统，所以这里被看作是中国近代史上“轴心之地”。它见证了南京的近代

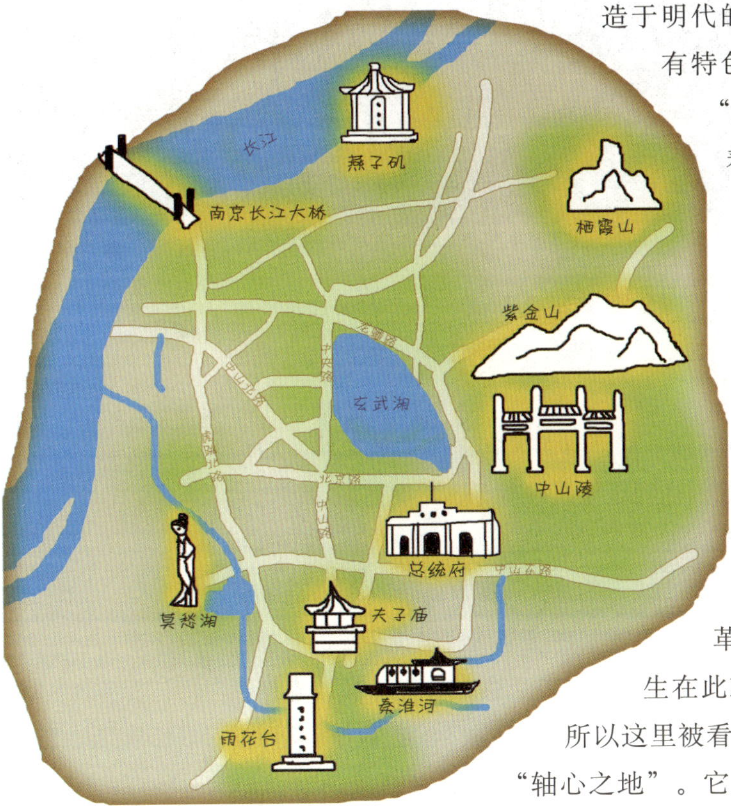

史，是南京百年沧桑的时代缩影和城中难得的历史文化景区。在总统府旧址上筹建的中国近代史遗址博物馆，到现在已经初具规模。

入夜后的秦淮河别具风韵。

十里秦淮的灯火，一直是很多人挥之不去的梦境。古老的秦淮河是南京古都面孔的重要组成部分，桨声灯影中，宛如历史悠悠流过。秦淮河是流经南京城市的主要河道，全长110公里，据说是秦朝（前221—前206）的始皇帝时期修建的。从1000多年前开始，达官贵族就在这条河两岸建造了漂亮的宅院，这些宅院跟迷人的秦淮河风光融合在一起，看起来像一幅水墨画，吸引了不少文人墨客。明清时代，这里的民俗和商业文化开始兴起，到了夜晚，秦淮两岸到处是歌舞乐声。四

夫子庙的夜市

面八方的游客也竞相前来，他们乘坐着画舫，顺水漂流，欣赏美丽的秦淮河夜景。宽敞的画舫和秦淮河两岸的建筑上，一律悬挂着彩灯。灯照着水面，水映射着灯光，情景很让人着迷。中国现代著名作家朱自清，20世纪20年代在这里游览之后，写了一篇优美的文章，至今还在学生的教科书里收录着。他所描绘的“桨声灯影”，成了南京重要的人文符号。当然，今天秦淮河的风光，已经不是那个时候的原貌了。发

正月里的南京夫子庙，一位家长扛着他手持秦淮花灯的女儿游玩。

生在南京城的近代战争，让这里遭受了很大破坏。从20世纪80年代起，南京当地政府对遭受破坏的秦淮河进行了修复，河道也重新进行了清理。从桃叶渡至镇淮桥一带的秦淮水域上，重新设置了游船。游船不是二三十年代那种舱口阔大、里面陈设着字画和红木家具的大船，而是换成了脚踏小船。游人可以趁着夜色登船，慢慢地穿行在幽静的河道中，身边只有哗哗的流水声。

如今的秦淮河沿岸，已经成为南京最具时尚气息的生活场所之一。以夫子庙秦淮河为轴线的河厅、河房景观，与分布在明清风格建筑群内的购物和餐饮场所互相依托，组成了市场、街道、景观合为一体的休闲消费区域。游客在灯火辉煌的夜色里，荡舟穿行。岸上黄包车载着观光的客人，叮叮当当地在拥挤的人流中左闪右转。衣着鲜亮的情侣牵着手，津津有味地在小摊上吃着油炸臭豆腐。夫子庙秦淮河一带汇聚的特色小吃不下200种，最有特色的是鸭血粉丝汤，物美价廉，人见人爱。盐水鸭、茶泡饭，则是南京人生活中的寻常之物；经历了太多的风雨后，南京人的生活是恬淡而安静的。

扬　州

烟花三月的风景

千古名邑扬州，距今已有2500年的历史。它东近黄海，南临长江，北接淮水，中有京杭大运河纵贯南北，历来是水陆交通枢纽、南北漕运咽喉，见证了富庶而繁忙的城市生活景象。在清朝康熙年间（1662—1722），扬州是世界上人口超过50万的十大城市之一。历史上中国最大的盐运、漕运的集散中心都设在这里，扬州通过京杭大运河迎来送往，接纳了数不清的茶叶、木材和食盐，运河帆樯如林，古渡人声鼎沸。直到今天，这条纵贯扬州的京杭大运河还可以直通长

瘦西湖五亭桥

扬州老字号：
富春茶社的包子。

江，不过，河里再也看不到那些运送食盐、木材和茶叶的商船，取而代之的是装满了水泥大砂的驳壳船。长江三角洲经济的繁荣，促进了江苏、浙江和上海之间的交往，许多生产和生活资料，就是通过这条历史上的黄金水道运送到运河沿岸的城市。业务繁忙的时候，京杭运河那些运送水泥大砂的驳壳船还会排成长龙，时而会发生拥堵现象。

除了这依旧忙碌的漕运，人们优雅富足的生活方式也折射出当年的繁华。历史上侨寓扬州的商人，经营盐业和典当业获得了巨额的财富，然后安居这里，建造了豪华的园林。园林常常是盐商们宴请文人的场所，在中国文化领域独树一帜的清朝扬州画派的代表人物“扬州八怪”，也常常成为这些园林里的座上客。商人获得了成功，就越发表现出对文化的敬重，在修建园林时常常附庸风雅，在建筑中融入了琴棋书画、山水虫鸟等传统文化元素。清朝时，康熙和乾隆两位皇帝多次南巡扬州，对扬州的园林赞不绝口，如此一来，当地的豪绅越发争相建园。城区不大的扬州，因此有了“园林之盛，甲于天下”的美名，成为人文荟萃、风物繁华之地。

瘦西湖上的现代船娘

国家重点风景名胜区瘦西湖就是其中有代表性的一座。这座建造于南北朝时期（420—589）的山水景观园林，到了清代康乾时期已经很具规模。瘦西湖的亭台楼阁跟杭州的西湖很是相似，只是因为要比西湖瘦小很多，所以才被称作“瘦西湖”。湖区是利用桥、岛、堤、岸来划分的，狭长的湖面层次分明、曲折多变。瘦西湖全长不到5公里，岸边有长堤，还有著名的徐园、小金山等名胜。河堤两岸种满了垂柳，长长的枝条下垂，树叶掠着水面，很有诗意。长堤是个赏春的好地方。今天的人总爱念叨着唐代（618—907）诗人李白的名句“烟花三月下扬州”来到这里，欣赏扬州二十四景之一的“长堤春柳”。湖光山色、园林相接，如同一幅水墨画，是游客的“梦里江南”。

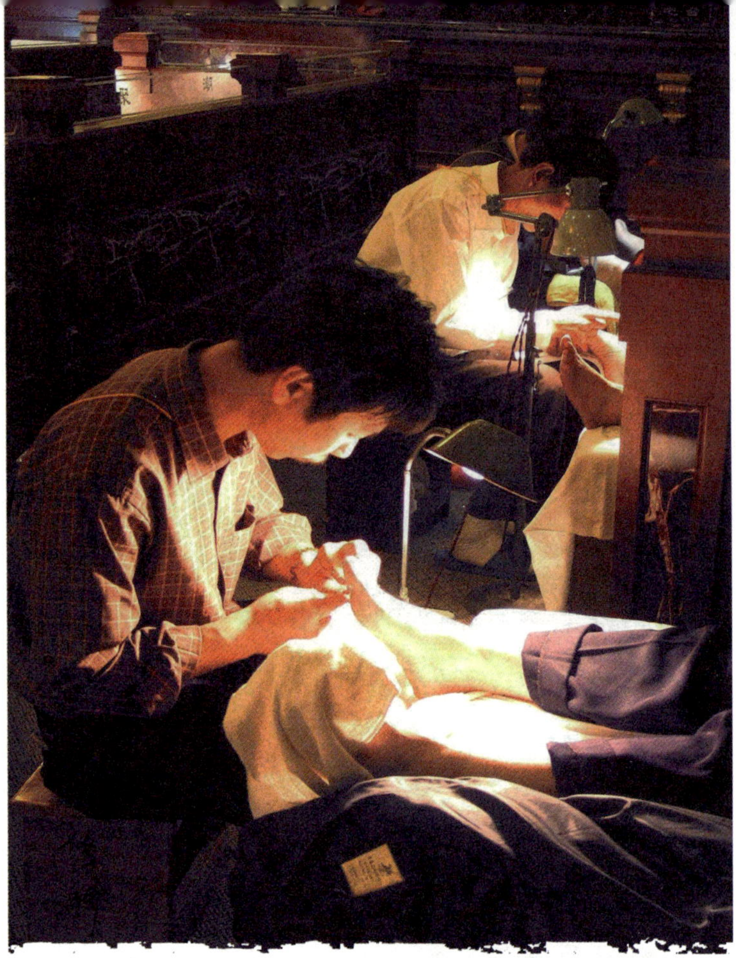

扬州的修脚大赛

园林附带的幽雅与闲适，延续到了扬州生活的方方面面。扬州沐浴、扬州修脚，都成为现代游客休闲方式的重要组成部分。数不清的游客在来扬州之前，都会被告知，到了那里一定找个好地方，体验一下泡澡修脚的乐趣。在扬州沐浴，的确是体验扬州民俗文化的特殊方式。扬州“早上皮包水”“晚上水包皮”的遗风形成已久，即早上空腹喝茶、吃扬州点心，晚上泡澡。扬州人很爱洗澡、很会洗澡，原来的老澡堂一进去，就像进入了江淮民俗博物馆。很多游客到了扬州，通常不找旅馆，而是直接进澡堂，连住宿带体验民俗文化，一下都有了。同样，修脚也是如此，在扬州，修脚已经不只是技术，还是一门艺术，成为淮扬特色文化的一部分。

苏 州

行走在江南园林中

“上有天堂，下有苏杭。”同杭州一样，苏州也是人们常用来跟天堂媲美的一个城市，不过苏州更精致小巧一些。具有2500多年建城历史的苏州，长期受到吴越文化的熏陶，无论是水巷民居，还是民乐工艺，都很有江南味道，柔美而秀气。

雕花楼紫薇花开

日落时分

最能体现苏州水乡文化特色的地方，是城西郊的枫桥古镇。这里保留着大量风貌古朴的明清建筑，家家临河而居，街道蜿蜒曲折，行人穿过街道上林立的店铺，可以直达古运河边上，风大的时候，走在街上，能够听到不远处传来清晰的波涛声。镇上还有一个存在了1400多年的古刹，就是著名的寒山寺。唐代诗人张继路过枫桥古镇，曾经写过一首《枫桥夜泊》："月落乌啼霜满天，江枫渔火对愁眠。姑苏城外寒山寺，夜半钟声到客船。"这首诗描述了让诗人心醉的枫桥夜景。今天的人们还在歌曲中传唱《枫桥夜泊》的美好意境，表达出人们对姑苏文化的景仰和向往。

将建筑、绘画、雕刻、花木盆景等元素融为一体的苏州园林，是这个城市的重要名片。作为名闻天下的"园林之城"，从很古老的年代开始，苏州就是达官贵人归隐生活的首选之地，因而给苏州留下了大片优美的山水花园。这些古典园林的杰出代表已被列入世界文化遗产。它们充满自然意趣和文化底蕴，成为城市生活的典范。

苏州园林的建设，是从2000多年前开始的，到明朝达到鼎盛阶段。苏州在很短的时间内诞生了数不清的园林庭院，明清时期，苏州城内外就有280多座。因为园林建设者具有很高的文化修养，这些园林也充满了中国传统的诗情画意。园中的假山池塘、花草盆景，都仿照山水画的特色设立，还有楹联、匾额之类的诗文，场景哪怕小巧，也都装点得十分精致。徜徉其中，仿佛品味一幅幅写意山水画卷，让人不忍离开。

作为“古典园林博物馆”的苏州，完好地保存着十几处名园，并对世人开放。苏州古典园林于1997年12月被确定为世界文化遗产。其中最著名的是宋代（960—1279）的沧浪亭、网师园，元代的狮子林，明

苏州留园内的冠云峰，该峰为一完整的太湖石。

美丽的苏州大学（左图）

代的拙政园和清代的留园等。这些园林延续着宋、元、明、清等各个时期的文化，呈现出不同的艺术特色，亭台楼阁、小桥流水变化无穷。被称为“江南园林精华”的拙政园山水明秀、花木繁茂，仿佛是把自然的山水搬了进来。400年来，它几度易主，却依然清幽恬静，疏朗明快。而网师园则以少胜多，精巧而幽深，园内有园，景外有景，令人叹为观止。

苏州园林大都建在城中僻处小巷，与粉墙黛瓦的民居为邻。它们给喧嚣的城市生活提供了充满自然意趣的“山林”，使人们不到郊外就能享受到自然赋予的乐趣，给向往山野的人提供了一个生活理想。

当然，在经济飞速发展的今天，文化名城的古典宁静和现代科技的发展并不是矛盾的。我们无法忽略经济大潮给这个古典的城市带来的勃勃生机。在园林之外，苏州也是长三角有名的电子信息产品制造基地，有着巨大的经济活力，计算机、通信、电子元件等一大批国际尖端的电子科技产业，正对整个长江三角洲产生强烈的凝聚效应。在长江三角洲的城市中，拥有古典园林和优雅生活方式的苏州，是最受台商青睐的城市之一。

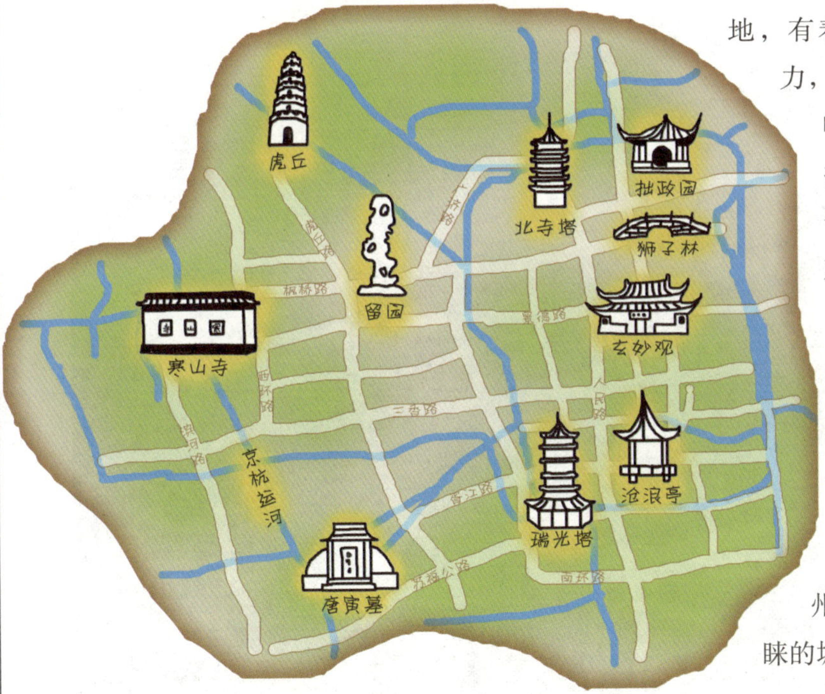

厦　门

鼓浪屿的涛声

在福建的东南海域，有一个三面环海的海湾小岛，这就是厦门。厦门是一个很特别的城市，似乎受到了大自然格外的优待。阳光、海滩、船帆、涛声、钢琴、古建筑，各种美妙的元素在这里一样都不缺少。这个城市很小，很安静，也很清洁，天空永远是干干净净的，一切都很透明。阳光也温

鼓浪屿是厦门旅游的核心。

凤凰树是厦门的市树，图为凤凰花开的美丽景象。

和，即使到了冬季，厦门的气温白天也有20摄氏度左右，人们只须在衬衣外面加上一件外套，就能去海滨散步。游客行走在小巧玲珑的街道和建筑之间，观赏着优雅的城市风貌，就像回到了自己的家，亲切而舒适。

厦门的旅行和休闲都离不开鼓浪屿。鼓浪屿是厦门旅游的核心，岛上留存着黄氏大夫第、莲石山房等体现中国清代传统建筑特征的民居，同时又有许多欧式古典建筑，包括商行、公馆、教堂、别墅、学校、领事馆等，有些建筑的设计图是直接从欧洲带来的。比如鹿礁路的天主教堂，完全是欧洲中世纪哥特式教堂的风格，这些老建筑被风景秀丽的海岛环抱着，给人世外桃源一般的感受。鼓浪屿的小巷子都是曲折的，拐弯的地方能看到波涛汹涌的海岸。岛上通常也很安静，除了旅游观光车外，很少看到其他车辆。人在岛上随意地走动，停留在闽南特色的老院子跟前，能看到院子里铺着的青石板和年代久远的榕树，它们散发着古老的气息，衬托出岛上生活的安谧。经常还会有悦耳的钢琴声，从海边的小楼里飘荡出来，引得行人驻足倾听。大概是跟美丽的环境有关，鼓浪屿音乐史很久远，岛上钢琴很多，被称作“音乐之岛”。

作为海滨城市，厦门的空气质量较好，商旅的人到了这里，觉得呼吸都是甜的。生活在东南海域的厦门人，是中国内地少有的几个喜欢饮茶的城市人群之一，而且饮茶的历史悠久。这种民风的背后，是城市优雅的环境和闲适的生活节奏。厦门很整洁，让居民能够享受户外泡茶的乐趣，把喝茶当作生活中的一件重要事情来做。厦门

夜色中的厦门很安静。

也有不少茶馆，只是除了外来的商旅人士，当地居民很少去茶馆，他们更多地是在自家门口临街摆上方桌，邀请几个好朋友，泡着工夫茶，轻声交谈。到厦门商务或旅游的人，会不可思议地发现似乎满街都是在家门口泡茶的人，好像没有什么事情比这个更重要。

厦门的老城区，如中山路、镇海路、大生里一带，是集中代表厦门风情的地方。最繁华的中山路，街道不长，却汇聚了十多家茶叶店。临近的镇海路、大生里，也都被开发成热闹的商业街，但店主人并不着急招揽生意，只是很随意地在店

岸边抓牡蛎的少年

门口摆上小茶桌，或端着小巧的茶杯，慢慢品尝，或跟旁边的商户聊着家常，看到有客人进来，才笑着迎上去。老城区的街道，很多保持着古旧的建筑，比如厦门博物馆一带的房子，不仅古老，房子与房子之间的距离也很狭小，甚至伸手可摸到对面的阳台。顺着博物馆的巡司顶巷下到山脚的老城区，建筑的屋顶形成了“一线天”的景观。巷子里经常会有居民围坐着，喝茶聊天，他们的头顶，密布着像网一样的电线，电线从这端伸出来，又连接着那边的老房子。

泉　州

海上丝绸之路的起点

泉州地处福建省东南部，拥有长达421公里的海岸线，是一个天然的良港。这里水深域宽，适合各种大船停靠。历史上，从泉州港口开出的货船，装载着丝绸和瓷器等物品前往印度洋沿岸，然后进入波斯湾地区，形成了一条联结亚、非、欧、美的海上大动脉，一派繁华热闹。

频繁的贸易让泉州见证了不同民族文化的交流融合。中原汉人往泉州的迁移，促进了先进生产工具和造船技术的传

元宵节泉州游园活动中的“拍胸舞”表演，再现了当年欢迎“蕃客”（外国商人）的场景。

户外劳动的惠安女

播，也使泉州与海外地区的海上交通成为可能。唐代中叶，海上丝绸之路成为了丝绸外销的主要途径。宋元全盛时期，泉州港更是一跃成为世界上最大的港口之一。不同肤色、不同服饰的外国商人和中国商贾，云集在泉州街头，码头上进口的香料、珠宝，出口的丝绸、瓷器，堆积如山，各国的商船以及前来进贡朝廷的诸侯国使者，都集中在这个盛大的海港。北宋（960—1127）末年，官府在泉州设置来远驿，专门接待来华外国使节。一些外国商人，聚居在泉州城南一带，形成了“蕃人巷”。

元代，泉州是中国最重要的港口。当时与泉州有海上贸易往来的国家和地区达一百多个，中国和东南亚、南亚、西亚、非洲和欧洲各国的交往相当频繁。往来的商船为东南亚各国带去了养蚕取丝的技术、精美的宋瓷和青花瓷，也为中国带来了东南亚的染料、埃及的历表、印度的香料，还有药材、犀角、珠宝、钻石和许多珍禽异兽。商船来来往往，每次能装载二三百吨货物，扬帆出海，十分壮观。因为拥挤和超载，当时有些运载货物的商船刚出港口就沉没了，今天泉州港口附近还有百余只沉船，沉船上有大量宋元明清时期的瓷器。

同其他港口城市一样，泉州至今还保存着海岸文化交流重镇的历史与遗迹，其中包括因港口形成的桥梁建筑，比如中国第一座跨海石桥——洛阳桥。这座桥梁是世界上第一个成功将生物学和工程学综合运用的工程，它首创了筏形桥基，并且采用种植牡蛎的方法加固桥基。泉州还有中国古代最长的跨海石桥安平桥，全长2250米，直接从码头插入海岸，供人和货物进出。透过这些桥梁，人们看到了港口昔日

上：泉州的清真寺。
下：天后宫的天空。

的繁荣。古泉州的其他建筑，也体现着中外文化艺术的相互渗透。比如泉州的清净寺，圆形的穹顶、尖拱形的大门，具有十分浓郁的阿拉伯宗教建筑风格，细部结构却又有中国古代建筑的特点。各国商客不同的宗教信仰和生活习俗给泉州留下了丰富的遗迹，联合国教科文组织把泉州确定为“世界多元文化展示中心”和“世界宗教博物馆”。

这些宗教遗迹，是泉州发达的海上贸易促成的文化遗存，也与从事航运的人们特有的海神崇拜有关。人们从泉州港口出海时，常在泉州西郊九日山麓的延福寺举行祈风仪典，祈祷中外商船都能平安地抵达或归来。人们同时还拜祭女性海神妈祖。由于泉州港口的地位和影响，泉州迅速成为妈祖信仰的传播中心，并在华人世界具有广泛的影响。祈风和拜祭仪式中，人们会在岩石上刻上祈祷的记录，长时间以来形成了宝贵的祈风遗迹。这些石刻是泉州海外交通的重要史迹，记载了泉州港同东南亚、印度洋、波斯湾、红海和东非等地区的海上贸易史及民间友好交往史，是现存中国古代海外交通史不可多得的重要物证，堪称海上丝绸之路的丰碑。

济　南

泉水叮咚

济南是闻名世界的史前文化——龙山文化（距今4000年左右）的发祥地，城内藏着很多文化遗址，比如新石器时代的城子崖，建造年代比秦朝的长城还早的齐长城，中国最古老的地面房屋建筑汉代孝堂山郭氏墓，还有被誉为“海内第一名塑”的灵岩寺宋代彩塑五百罗汉等等。不过，济南最为人们熟知的，还是那里千姿百态的泉水。

济南泉水的历史比城市的历史还早，自从这里有人类居住，泉水就一直存在着。几千年来，几百处泉水汩汩地流淌

在云雾缭绕的喷泉中嬉戏漫步。

着。当城市日益繁华，泉水也得到了保护，成为可以饮用、可以观赏的美丽景观。济南的泉形态丰富，水质清洌，像一块块翡翠一样镶嵌在城市之中。这些泉水有的形状奇特，有的声音动听，很多还跟历史上的名人和历史事件相联系，成为文化名城里不可多得的名胜古迹。

济南的泉水中，最负盛名的是趵突泉、五龙潭、珍珠泉、黑虎泉四大泉群，这些泉群的流量和露出的地形不同，但水质都一样出奇。济南的泉水来源于市区以南的山区，那里的岩石是约4亿年以前形成的石灰岩，大量的雨水和地表水通过溶沟、溶槽、溶洞、暗河和钟乳石渗入地下，向济南运动，被地下坚固的火成岩阻挡，积蓄起来，进入济南老城区，然后穿过地表，喷涌而出，形成众多泉水。泉水中的悬浮物质很少，喝起来清洌甘美。据说清朝的乾隆皇帝两次南巡，一路上饮用的都是趵突泉水，趵突泉因而获得“天下第一泉”的美名。

趵突泉夜景

趵突泉泉群位于济南旧城西南，东西约700米，南北约250米，以趵突泉、白龙湾为中心，共有泉水34处。传说是一个叫鲍全的青年救了龙王的哥哥，从龙王那里得到了一只白玉壶，里面的水永远也倒不完，埋入地下就变成了趵突泉。

趵突泉是汇入黄河的泺水之源，泉水从三个泉眼里喷出，声音像打雷一样。若干年来，众多文士名流都前来观赏，并且留下了大量珍贵的诗文赞美它。趵突泉西南有一个明朝的观澜亭，亭前的水中还有一块碑石，上面刻有“趵突泉”三字，是明朝书法家胡缵宗（1480—1560）的真迹。清代的康熙、乾隆两个皇帝都曾在泉池北岸的蓬莱社喝茶赏泉。

五龙潭泉群在旧城西门外，以五龙潭、古温泉为中心，共有泉水21处。珍珠泉泉群位于旧城中央，共有泉水10处。

黑虎泉泉群位于旧城东南隅，在南护城河的两岸和河床露出，以黑虎泉为中心，共有泉水14处。这些泉水有的以流量大著称，有的以味道甘美闻名，有的以水质澄明清澈为特点，每一处泉水背后都有美妙的故事，寄托了这个城市里的人们对泉水的美好向往。济南的市民是伴着泉水长大的。在他们看来，泉水是滋养他们的血脉，也是城市的灵魂；如果没有泉水，这座古城就丧失了很多灵气和活力。

千姿百态的泉水从济南的大街小巷流过，进入千家万户。它们穿墙而过，流入庭院，居民不用出门，从窗口下就可以取水，极有情趣。古人曾经形容济南家家有泉水、户户有垂杨，现在看来一点也不夸张。隐藏在济南民居当中的泉水更是不可胜数。济南的老城中心著名的王府池子泉就是一个深藏在老济南民居当中的泉，在济南家喻户晓。地方不大的济南老城区，却拥有33处泉水，历代被列为72名泉的就有16处。一条条石板路连接的民居之间，泉水从门前流过，偶

泉之魅影

尔还有洗衣的妇女，拿着棒槌在石板上捣衣，给人一种身在江南的感觉，老济南的风味就这么呈现出来了。

冬季的大明湖略有薄冰，湖面依然清澈，更显万物寂寥。

青　岛

啤酒的滋味

位于黄海之滨的青岛，是个幸运的城市，那里碧海蓝天、红瓦绿树，拥有得天独厚的自然环境和现代化的国际城市风貌。此外，这个城市还盛产名牌，海尔家电、青岛啤酒都享誉海内外。凭借着这些城市名片，青岛在成为著名旅游城市的同时，还逐步把自己推向了世界经济的大舞台。海尔是当今世界最具影响力的中国品牌之一；青岛啤酒也是国内

青岛啤酒节上，中外友人豪饮青岛啤酒。

少数几家打入国外市场的啤酒产品之一，很多外国游客是先知道青岛啤酒，然后才有机会到青岛旅游的。

在青岛海滨玩耍的外国小朋友

家电和啤酒，让青岛进入了世界的视野。青岛很会以名牌为媒介来推销自己，被海内外游客誉为“东方啤酒盛会”的青岛国际啤酒节，现在成了一种文化盛会，架起了青岛与世界沟通合作的桥梁。每届啤酒节期间，青岛接待的中外游客达四五百万，消耗掉啤酒上千吨。节庆期间，整个青岛都沸腾了，城市的每个角落都是欢声笑语，空气中洋溢着啤酒的香醇味道。这个节日成了青岛市民的狂欢节，到了最后，啤酒节不只是一个城市的盛会了，外地游客都趁啤酒节期间到青岛，体验全城狂欢的热烈氛围。作为西方舶来品的啤酒，融入中国这座美丽的海滨城市之后，成就了一个文化消闲意义上的盛会，让游客每年都很期待。

2008年北京奥运会，青岛因为拥有优越的海湾条件，成为北京奥运会的分赛场，举办帆船和帆板竞赛。青岛也是新中国航海运动的发源地和航海运动者的摇篮。经过半个多世纪的建设，青岛已经成为中国重要的水上运动训练、教学、比赛基地，为国家输送了大批帆船帆板人才。奥运会比赛项

青岛是2008年北京奥运会的“伙伴城市”，远处为比赛场地灯塔。

目成为这个城市的另一个标志性的风景。从2009年开始，青岛举办每年一届的“青岛国际帆船周”，致力于传承奥运精神，搭建国际交流平台，提升青岛在国际帆船运动领域知名度和影响力。

作为美丽的海滨城市，青岛的空气清新洁净，海湾环绕着或古典或现代的建筑，红色的屋顶和绿色草坪点缀其间，显现出自然风情和现代文明的完美融合，看着让人心醉。近年来，一些新婚夫妇也特意选择到青岛著名的八大关风景区拍摄婚纱照，沙滩和海浪的渲染，让他们觉得那是最能体现美丽和浪漫的地方。花石楼是八大关最著名的一栋别墅，建筑融合了希腊式、罗马式、哥特式等多种典型的欧洲建筑风格，全部用花岗岩和鹅卵石建成，主楼分五层，顶层是观海

融合了多种西方建筑艺术风格的花石楼，是八大关风景区中最具代表性的一幢别墅。

台。这座美丽的城堡式建筑曾是蒋介石与宋美龄在青岛度假所居之所，还被当作电影内外景拍摄地，吸引了很多的游客。现在它成了著名的婚纱拍摄基地，外地来旅行的新婚夫妇，专门选择在这里定格他们的一个个甜蜜瞬间。巧合的时候，游客的镜头里经常会出现新人幸福的笑脸。

长　沙

快乐歌唱的古城

岳麓书院一景

长沙是一座有2000余年悠久文化历史的古城，又是中国历史上在同一地址建城时间最长的城市，自春秋战国（前770—前221）建城到今天，城址一直未变，这一点足以让人称奇。由于楚文化及其传承的湖湘文化的深厚底蕴，以及屈原（约前339—约前278）和贾谊（前200—前168）的影响，长沙素有“楚汉名城”“屈贾之乡”的美称，众多文人墨客汇聚于此；又由于毛泽东、刘少奇等现代中国领袖在这里度过了他们的青春岁月，长沙也是一座革命名城。不过长沙让人吃惊之处还不在于此，而是它利用深厚的文化积淀，在中国大地上

上演着的娱乐盛宴。从“玫瑰之约”“快乐大本营”到具有较高声誉的金鹰电视艺术节，以及挑动全民视觉的“超级女声”，生长在长沙的电视艺术，总是以湖南人特有的幽默和热情，不间断地在国内掀起热浪。让人在追寻着伟人的足迹游历长沙的时候，总会不自觉地想到更多。

滨江夜色

在了解长沙的大众文化之前，让我们先感受一下长沙的传统文化。长沙历史文化积淀的深厚是毋庸置疑的，距今2000多年的长沙马王堆汉墓是中国汉文化最集中、最完整、最完美的代表，再现了西汉（前206—25）“文景之治”时期的政治、经济、科学、军事、文化、艺术等方面的发展水

爱晚亭边读书的女孩

平，是西汉文明的形象缩影。橘子洲西边的岳麓书院是世界最早的高等学府，从诞生之日起就以办学和传播学术文化闻名。它历经宋、元、明、清各代，至清末光绪二十九年（1903），改为湖南高等学堂，1926年正式定名为湖南大学，历经千年，文脉相承。书院不仅有历代皇帝御赐的匾额，在整体建筑上也完整地展现了中国古代文化建筑气势恢宏的景象。岳麓山下的爱晚亭，与滁州醉翁亭、杭州湖心亭、北京陶然亭，并称中国四大名亭，唐代诗人杜牧（803—853）“停车坐爱枫林晚”的诗句正是赞美它的。

书院文化对长沙的影响和湖湘文化的发展功劳很大。有人说今天湖南娱乐文化的发展，也是吸收消化这些文化元素之后寻找到的一条最接近民众心理和符合人性需求的文化传播渠道。长沙是一个崇尚娱乐文化的城市，最早红火的歌厅文化搞活了演出市场，丰富了人民的生活，在中国内地开风气之先。这种贴近生活、幽默风趣又形式多样的歌厅模式，后来成为不少城市竞相效仿的对象。长沙的电视娱乐文化与这种歌厅文化有着深厚的渊源。长沙的电视娱乐节目，闻名全国的制作包括“快乐大本营”“玫瑰之约”“天天向上”等。这些节目也受到了生活在中国的外国友人的欢迎，他们经常被邀请参加现场录制。长沙似乎是娱乐文化的一个试验地，在长沙得到认可甚至宠爱的，就有在中国其他地方推广蔓延的趋势。

2004至2006年间举办的超级女

在长沙上演的超级女声选秀，一场娱乐的盛宴。

声电视选秀赛，时刻牵动着亿万电视观众的神经。这个以选拔女生歌手为主题的娱乐活动，被传媒认为是培养中国本土歌手的大众舞台。比赛把那些追星族的尖叫、歌手的眼泪、媒体的炒作等元素统统调动起来，打造出了省级卫星电视收视率的神话。今天的长沙，充满时尚的朝气与活力，在坚守传统的同时，也将大众娱乐进行到底。这是一个制造快乐的城市。

武　汉

把长江揽入怀抱

坐落于江汉平原的武汉，因坐拥汉口、汉阳、武昌三个重镇而得名大武汉。

流淌了千年的水运巨龙长江，再加上它的重要支流汉水，把武汉一分为三，却又用陆路和水路交通把它们连接起来，让它们互相独立，又彼此依托，形成更加气派的城市版图。汉口是重要的商业中心，汉阳以中国最早的军事工业而驰名，武昌则历来是湖北甚至整个中南的文化教育中心。

大武汉跟水有千丝万缕的联系。古代从武汉循长江水道

武汉长江大桥

武汉的文化标志之一，矗立在长江边的黄鹤楼。

行进，往西可到达巴蜀（今重庆、四川），往东可连通吴越（今江苏、浙江一带），向北出发溯汉水而上，则可以到达河南和陕西，经过洞庭湖南下，则可以抵达湖南和广西。故武汉有“九省通衢”之称，被很多商贾当作物贸交易的理想市场。今天流经武汉的长江航道，依然是重要的水运通道，从大武汉出发的客轮和商船一路通途。

早在明末清初，汉口就跻身中国四大名镇之列，并保持了上百年的繁荣景象。1861年汉口开埠后，商业贸易空前繁盛，城市迅速发展。武汉人常以一句老话来夸耀自己，他们说：“紧走慢走，三天走不出汉口。”

黄鹤楼是武汉的文化标志之一，就矗立在长江边上，引来无数游客。历代文人墨客在这里留下了灿若星辰的歌赋。不远处的古琴台，诉说着一个在中国流传了两千多年的故事——高山流水觅知音，著名的乐曲《高山流水》，就是以

武汉大学的樱花美不胜收

这个故事为背景创作的。很多人到这里来追寻琴师俞伯牙和钟子期两人以琴会知音的动人传说。

武汉高校众多，仅次于北京和上海，是无可争议的中国教育第三城。这里设立着七所教育部直属重点大学和百余所普通高校。学校给这个华中重镇带来了巨大的荣耀和收获。相对于沿海城市的浮华，武汉则多了分做学问的积淀与安稳。站在位于市区第一高峰喻家山南麓的华中科技大学高处，就能看到烟波浩渺的东湖水域，水的灵性跟这个城市浓郁的人文气息连缀在一起。

武汉人也是武汉的一道风景。武汉是一座充满了市民生活气息的城市。吉庆街七荤八素，汉正街小商云集，无不透露出这里闲适的平民生活。热闹的市井生活，美食不可或缺。在武汉街头随便找一家酒店，进去点上几根鸭脖子，切成寸长的一段，蘸着姜、醋等佐料一吃，又香又辣，吃得人浑身冒汗，大呼过瘾。

武昌鱼也是一种名头在外的美食。这种鱼体形呈扁平状，肉质嫩白，含丰富的蛋白质和脂肪，用它可以烹制出数十种不同风味的鱼菜。毛泽东主席曾经有一句著名的诗“才饮长沙水，又食武昌鱼”，让武昌鱼成为驰名中外的上等好菜。不过吃武昌鱼，一定要吃清蒸的活鱼，那样才能品出正宗武昌鱼的鲜美。

热干面是武汉人特别喜爱的大众化食品，它便宜实惠，花上不多的钱，就可以舒舒服服填饱肚子。做法就是把面条煮熟捞起来，洒上麻油，放凉，加上芝麻酱、葱花、辣椒等佐料后，立刻香气四溢。女孩子们去汉正街淘衣服，逛累了街边一坐，一碗热干面吃得旁若无人。

汉正街里生意红火的女老板

说到汉正街，这是一条有名的商业街，以物美价廉著称。汉正街历来就是货物云集的水陆商埠，历史上因国内外商贾入住，建筑便兼容了传统和欧洲的建筑手法。古汉正街店铺临街而建，多为假两层楼式，白瓦灰墙，古朴别致。门面有全敞式、半敞式、内敞外窄式，交错穿插，风格各异。夹街背巷的铺面则多用木板木桩架起红漆横梁，梁上雕龙饰凤，极富民族特色。今天的汉正街经过大规模的旧城改造，成为国内知名的时尚商业街。

开　封

北宋遗音

豫东平原的开封，是一座历史悠久的文化名城，它建城距今已有2700多年，历史上曾经有七个王朝在这里存在过。不过，如今它们都被埋到了很深的地下。开封的地下10米到12米处，完整地埋藏着多个王朝的宫殿和城池。一个王朝被另一个王朝取代后，新的王朝就在原来的废墟上重新建立，这样过了一代又一代，直到今天，考古学家发现，整个开封

古老的城门

城还没有脱离原来的城市基础，面积只相当于原来的一小部分。往昔的繁华，是多么让人难以想象！

2005年，美国的《纽约时报》报道说，开封是“1000年前世界上最繁华的城市”。北宋王朝在这里存在了168年，那时开封还叫东京，人口超过了100万，全世界的商人都跑到这里做生意。大街上可以看到好多国家的留学生。后来还有几十个犹太人迁徙到这里，定居了下来，他们留下的纪念碑今天还在。当时的东京街道，不时看到骆驼队驮着从丝绸之路带来的各种货物。临街的茶馆和商铺，人来人往，热闹非凡。

今天的开封，是人们熟悉的宋文化名城。沿着北宋文化的脉络发展，开封形成了以清明上河园、木版年画、汴绣等为代表的民俗文化特色，游人如织，感受着它千年古城的风姿。

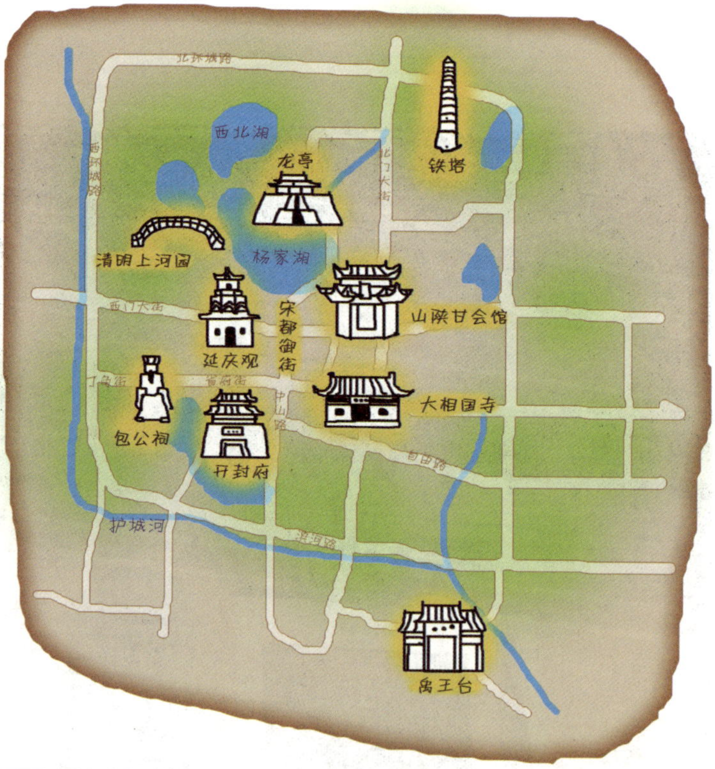

开封有很多宋文化特色的建筑群，最有名的是龙亭。龙亭所在的地方过去是皇宫，历经数次战火和黄河水的侵蚀，大部分皇宫建筑被毁坏。清代在皇宫遗址上建造了这座殿堂。龙亭坐北朝南，建筑在高达13米的青石台基之上。大殿是木结构，四周有石栏围绕，由此可远眺开封古城景色。龙亭前笔直的大道，穿过两个碧波荡漾的大湖，连接着宽阔的宋都御街。这条街是仿照《清明上河图》的模式改建的，长约400米。考古学家发现，这条街道下面，从前是宋朝的御道，皇帝出宫巡视都要通过这里。现在，街道两边布满了店铺。店里面卖的物品，有文房四宝，也有汴京的刺绣，有绣画、绣伞、绣毯等。在中国，汴绣有800多年的历史。北宋的时候设有专门的“文绣院”，专为帝王和他们的嫔妃，还有那些达官显贵绣制衣服及装饰品。

北宋画家张择端的长卷风俗画《清明上河图》，生动细腻地记录了宋朝时开封的繁华景象，是誉满中外的艺术珍品。今日开封城西北的清明上河园，是仿照《清明上河图》建造的，这是一座大型民俗风

雪梅

清明上河园里上演的《水浒》片断

景游乐园。游人进去之后可以换穿宋代的服装，边走边看，感受古人的生活习俗。这个主题公园没有图上记载的范围那么大，但仍吸引着大量的游人来此体味那隔世的繁华。

清明上河园里有很多好玩好看的民俗项目。《清明上河图》中所描绘的舞蹈、影戏、杂技、说书等，统统被搬进了这座公园，白天的石板路上，老牛拉着木轮车来回走动，穿着宋朝服装的生意人满头大汗地忙着招徕生意。

如果往城市外面走，游客会发现开封的东南西北四个入城口，分别有一座用青砖砌的城门，看起来就像是古代的城堡。有些城门连接的城墙就是古代留下的，上面还保留着近代战争的枪弹痕迹。似乎是经历的事情太多了，今天的开封人看起来很从容。每天早上，进出城门的人都很多，城墙脚下也通常聚集着许多人，有散步的、有打太极拳的，人力三轮车夫不紧不慢地蹬着车子，在道上穿来穿去。开封城区里的包公湖和潘杨湖，湖水冬夏都是清澈的，湖水离堤岸很近，伸手就能触摸到。

11月北方正进入深秋，外面还不太冷，正是露天吃小吃的好时候。这时候去开封还能赶上一场盛大的菊花展览。每年的开封菊花展持续一个月的时间，展览的菊花超过20万盆。这个展览是为继承北宋传统，已经举办了很多年。展览期间的晚上，街上挂着菊花灯，跟元宵节的灯会一样，把整个古城都照亮了。

春柳绿古城

洛 阳

牡丹花开

“洛阳地脉花最宜，牡丹尤为天下奇。”说起古都洛阳，这是一个建都时间仅次于西安的城市，历史上有九个朝代在这里建都，留下了大量古建筑和历史人文景观。中华民族最早的历史文献“河图洛书”就出自洛阳，中国第一部断代史《汉书》、历史巨著《资治通鉴》都是在洛阳完成的。它是中华文明的重要发源地，也是海内外华人寻根问祖的热点地区。今天的洛阳，是一个充满生机的现代城市。每年4月，盛大的洛阳牡丹花会开始举行，吸引了大量国内外的游客。

洛阳种植牡丹的历史从唐代开始，距今已有1400多年。洛阳市的牡丹品种达到了350种，国内其他城市的牡丹多有不

洛阳牡丹甲天下

中外游客徜徉在国色天香的牡丹中。

及。洛阳牡丹花大色艳，富丽端庄。古人认为洛阳的土地最适合花的生存，而生长在这里的牡丹也是中国最好的。许多人甚至觉得，牡丹是可以代表中国的国花。不过牡丹的花期很短，只有20多天。赏牡丹是古城洛阳的传统习俗。牡丹花在每年4月中旬到5月初开放，那时候，洛阳从大街小巷到公园郊野，到处是牡丹，开得鲜艳，红的，黄的，粉的……整个城市成为花的海洋。洛阳因此也享有“花都”的美誉。正如唐代诗人刘禹锡（772—842）在《赏牡丹》中所言：“唯有牡丹真国色，花开时节动京城。”洛阳牡丹花节也是洛阳人的节日，牡丹花会的观赏项目和活动项目之多，和过年过节相比毫不逊色。游人在对牡丹一饱眼福之余，还可尽情地欣赏夜晚的灯展、白天的庙会及灿烂的牡丹文化——牡丹笔会、牡丹音乐晚会、牡丹诗词碑文、牡丹插花、牡丹盆景艺术展等等。洛阳人对牡丹的热爱，是从骨子里发出来的真心喜欢，而不是因为牡丹带来的巨大利益。牡丹花开之际，游

花团锦簇牡丹城

人来到洛阳，不仅能看到倾国倾城的牡丹，还能感受到洛阳人对牡丹的热情。

牡丹花会期间，游客能看到传统的文化庙会，文物展览，还有中国特色的大型婚礼和大型传统武术表演。除了看牡丹花外，游客也选择去龙门石窟参观。龙门石窟位于洛阳市区南12公里处，是与大同云冈石窟、敦煌千佛洞石窟齐名的中国三大石窟之一，2000年11月被联合国教科文组织遗产委员会列入世界文化遗产名录。

龙门石窟展现的是雕刻在两山峭壁上的奇观，被称作大型石刻艺术博物馆。它始建于北魏（386—534），经过好几个朝代的陆续开凿，开凿时间长达400多年，南北长达1公里，共有石窟2345个，造像10万余尊。其中最大的佛像高达17.14米，最小的仅有2厘米，富丽而精巧，体现了很高的艺术造诣。古都的这些石刻向后人展现了公元5世纪到10世纪之

洛阳白马寺

间那段已经消失的文明，折射出当时的政治、经济和社会文化时尚，包含了研究中国古代历史、文化、佛教、雕刻、服饰的丰富资料。

此外，佛教传入中国后官办的第一座寺院、被称为中国第一古刹的洛阳白马寺，也是历史留给洛阳的古老遗迹。时至今日，每年元旦，许多中外朋友都要聚集于白马寺来聆听“马寺钟声”，用108下钟声消除心中一切烦恼。

洛阳是一个处处可见历史的古都，比如洛阳街头的唐代俑器和陶器，是仿照唐代洛阳盛产的唐三彩制作的。唐三彩的造型主要是马、骆驼和人物，釉色以红、绿、黄为主，还有白、黑、蓝、紫等颜色。赏完牡丹，游完龙门石窟和白马寺，再带上几件精美的唐代风格的陶器，恐怕是游览这个城市最好的收获。

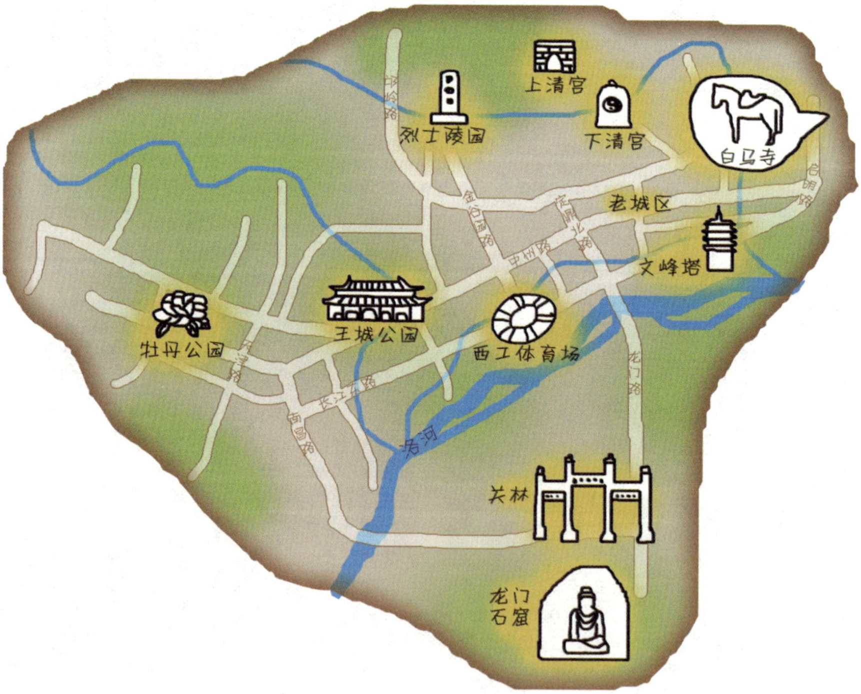

广　州

走在市场的最前沿

广州地处珠江三角洲腹地，与香港、澳门毗邻，是中国南方海陆交通枢纽和对外交往的门户，也是中国最早的沿海开放城市，以中国的“南大门”著称。作为珠三角的旗舰城市，生长在岭南风情中的广州，已经站在现代化的门槛上，成为中国内地第一个人均GDP过万美元的城市。从改革开放，到如今成为发达城市，广州充满了让人惊讶的活力。在短短十几年时间内，广州不仅创造了本身的繁荣奇迹，还带

广州都市风光

越秀公园里的五羊雕塑，广州的标志。

动了整个珠江三角洲经济的腾飞，使这片土地变成了整个中国城市化程度最高的地区。经济上的活跃，带来了大量的就业机会，广州也成为“淘金者”们趋之若鹜的城市。

经济发达的广州，似乎总是在不停的运转当中，无论白天还是夜晚，大街上都充满热闹和喧嚣。入夜，精品店里和步行街上仍人头攒动，各类大小饭馆灯火辉煌。广州人旺盛的精力让这个城市生动而鲜活。在广州人的身上，似乎充满创造经济价值的无穷动力。他们最早感受到近在咫尺的港澳的繁荣，并利用地理优势，与港澳保持着经济文化上的沟通，随着改革的深化，他们也走上了发达和繁荣之路，成为先富起来的城市，并且始终保持着领先的势头。坚实经济后盾的支撑，使广州的一举一动都受到追捧和仿效，从T恤衫、牛仔裤的时髦，到粤语和粤语歌曲的流行，每一件带着广州文化烙印的商品，都折射出这个城市强大的经济活力。

因为地理位置的缘故，在中国城市发展史上，广州一直得风气之先，实施着特殊的经济政策，走着与内地城市完全不同的发展道路。广州重视商业和商业性的农业、手工业，并且海外贸易频繁。明清两代，广州依托通商口岸的优势发展外向型农业和手工业，使商品经济和海洋经济得到长足发展；海洋经济带来的商业气息，又给广州和整个岭南地区注入了不可低估的经济活力，这种活力刺激着更多的阶层加入商业大军。20世纪80年代中期，各种新潮服装和小商品从广州的大小市场走向中国各地，创造了影响全中国的消费时尚。到了今天，这种商品交易活力依旧。在国内外享有很高声誉的广州商品交易会，已经成为国内举办的规模最大的商品交易会。在每届交易会上，都有全世界五大洲的200多个国家和地区的数

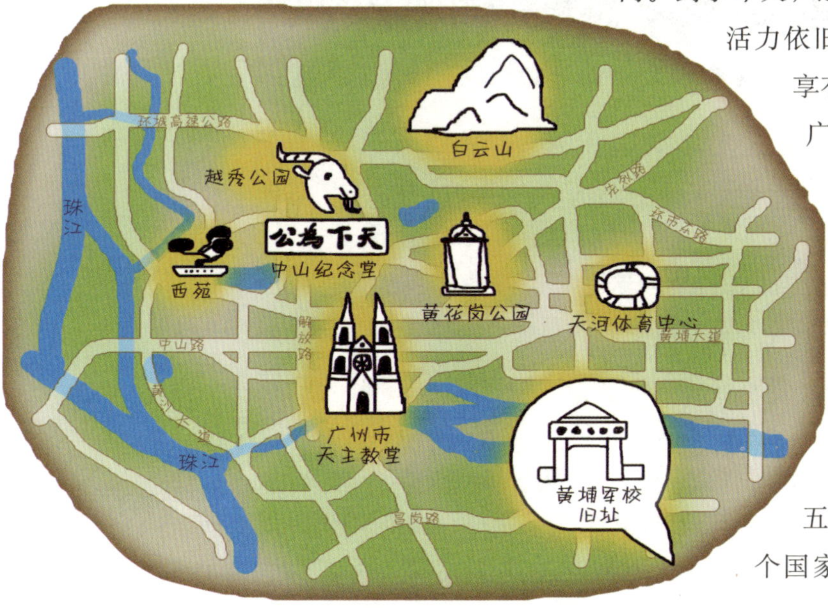

路边小憩的市民和他的爱犬

十万采购商参加。以广州为龙头的珠江三角洲，是国际资本和技术关注的重点区域，其非凡的活力和创造力，吸引着越来越多人才的加入。

想融入这里的人得适应这个城市的特性和节奏。广州人只管做事，不停地寻找着更多的机会。很多人下了班会再去做另外一份工作。在广州的商品生产和商业活动中，这种积极向上成就了广州的繁荣，也成为广州保持活力的秘诀。当然，广州人也是重视生活的，吃是广州人生活中特别讲究的一个内容。如今正普及中国的粤式早茶，就是发源于广州的。在广州人看来，早上慢悠悠地起来，走进餐厅，品尝精

市郊白云山林荫下，享受早茶的广州人。

美的食物和汤水，是一种生活的乐趣和享受。如今中国国内其他城市也出现了粤式早茶，其背后则是对广州生活文化的认同。

广州自古以来就草丰林美，多飞禽走兽，还出产丰富的咸淡水产和两栖类动物，历史上就是中国饮食资源最丰富的地区之一。随后外地商人的大量涌入，又促使这里形成了独具特色的饮食文化。广州的酒店餐馆的创新能力也十分了得，它们不断发掘新的原材料、新的搭配，创制新的菜式。广州人爱吃，也敢吃，天上飞的、地上跑的、水中游的，几乎没有他们不敢吃的。饮食文化其实已经渗入广州人的骨子里，折射出一种无所顾虑的精神，体现到经营上就是：他们认准的事情，会毫不犹豫地放手去做。

深　圳

在效率和速度中成长

深圳是一个年轻的、由移民组成的城市，它从南海边一个小小的渔村一跃成为今天的大城市，用了不到30年的时间。深圳，是一座没有方言的城市。在这个城市，新移民占到了五分之四，大家说着通行的普通话；年轻的人们怀揣着创业的梦想，来到这片热土，让这个城市显得活力四射。

深圳位于广东省的珠江入海处，与九龙半岛接壤，与香港特别行政区仅一河之隔。大京九、京广暨广九两条铁路大干线交会于深圳，连接香港，把内地、深圳、香港融为一体。深圳特殊的口岸

深圳，一座飞速发展的年轻城市。

矗立在深圳街头的邓小平画像

位置，使它能够在改革开放的初期，起到桥头堡的作用。在深圳经济特区成立之初，人们曾用淘金来形容这个城市的吸引力。城市规划者把来这个城市工作和生活的条件放到了最宽，规定凡是有一技之长又愿意为深圳作贡献的人，都可以在这里得到安置。这为各种人才提供了一个公平竞争和实现自我的广阔天地，于是，国内数不清的知识人才源源不断地涌入这里。这些移民遍布深圳的各行各业，他们白手起家，用“时间就是金钱，效率就是生命”的口号激励自己，创造了让国内外惊叹的“深圳速度”。在深圳开始试验的改革逐渐推向全中国，深圳的改革观念成为全国的观念。在此后的很长一段时间内，深圳的建设成就给中国其他城市提供了一种示范效应。那些紧随其后开放的城市，常常用深圳速度激励自己加快发展。

大型公共艺术组雕《深圳人的一天》之《公司职员》

作为改革的先行军，深圳始终保持着某些别的城市无法超越的优势。人们经常说，深圳就像一张白纸，在最短的时间里绘出了奇迹，而且丝毫不拖泥带水。它的效率有着极佳的口碑，比如深圳标志性的地王大厦，在建造时曾经创造了“九天四层楼”的“新深圳速度”，而且在它施工的两年时间内，附近的马路总是干干净净的，人们从来没有感到过脏乱和喧嚣。深圳的成功，浓缩了中国改革开放的标志性成

酒吧里年轻的调酒师

就，也让深圳成为展示中国经济活力的窗口之一。

深圳是一个很有远见的城市，它在发展经济和其他高新技术产业的时候，没有忽略美丽风景的建设。在深圳具有很高知名度的植物园、海上世界、锦绣中华这些人文自然景观，把深圳缔造成了一个现代、美丽的绿色家园。

拥有现代生活方式和美丽风情的深圳，是中国享受发展成果意识最成熟的城市。深圳的娱乐活动极其丰富，每到周末或者夜晚，综合性电影娱乐中心、高尔夫球场、网球场、海滨浴场、溜冰场、保龄球馆等，总是充满生气。跟中国其他城市相比，深圳对西方文化的认同和接受程度也比较高，在圣诞节或者情人节等西方节日来临时，大大小小的餐厅和活动场所总是人满为患。随着世界高新技术产业纷纷落户深圳，越来越多的异域文化和餐饮消费在深圳出现。

深圳还有不少高档次的购物中心，比如人民南路的商业中心区，那里矗立着国贸商场、免税商场、国际商场等多家大型商场。与香港一线之隔的中英街，也是外来游客最喜欢逛的地方，人们喜欢去那里买金银饰品、布料成衣，顺便打量一下背着冲锋枪站在那里值勤的威严的士兵。

西　安

最古老的城池

西安被认为是中国古都当中的长者。它是中国历史上建都时间最长，也是第一个人口超过百万的国际大都市。秦朝时期，中国从这个古都走向了统一，一个强国在世界的东方崛起。此后千年，西安又成就了强大的汉王朝和繁华的唐王朝。

作为帝国的政治文化中心，西安所聚集的文化有着巨大

明月照古城

观看秦腔大戏。

的民族魅力，无论是古老的丝绸之路，还是大气恢宏的黄帝陵，都是中华文明不可缺少的元素。秦始皇兵马俑、古城墙的传奇更是让西安享誉世界。西安有全国重点文物保护单位23处，古遗址、古陵墓4000多座，古城墙和宫殿建筑跨越多个朝代，被称作中国古代社会的“天然历史博物馆”。西安的旅游收入，仅次于北京、上海和广州，并且以海外旅游收入为主，这证明古都对异国旅行者的吸引力是何等强烈。在国外游客眼里，这里的一切都是中国文化的精粹，散发着古老的东方魅力，它们所蕴含的厚重和古朴，浓得化不开。

秦始皇兵马俑，几乎就是西安的代名词。它自1974年首次发掘，就震惊世界，被誉为“世界第八大奇迹”和“20世纪考古史上最伟大发现之一”，并被联合国教科文组织列入世界文化遗产名录。秦始皇兵马俑距离西安50公里，目前先后向游客开放了三个俑坑，其中最大的是一号坑。这个俑

世界文化遗产秦始皇兵马俑

坑已出土陶兵、陶马、陶车1000多件。陶俑身高1.7至2米不等，造型逼真，装束和神态各不相同，没有两个是一样的，似乎每个陶俑都有一个模特儿原型，工艺的精湛令人难以置信。此外，秦俑坑中还有上万件青铜兵器，出土时光亮如新，丝毫没有锈迹。据分析，这是由于在其制作过程中进行了防腐抗锈处理，而这种工艺是于1937年和1950年才分别在德国和美国申请专利的。中国西安在两千多年前的秦始皇时代就有了类似的工艺，可谓世界冶金史上的奇迹。

西安丰富的文物，让当今的人们见证了昔日帝国的强大，那些最初被古老历史吸引来到西安的人，到了这里之后会发现，古城的生活气息也非常浓郁。

古城西安是一座饮食文化名城，几乎每一种特色食品，都是传统配方和现代工艺相结合的产物。比如西安的鸡翅、奶汤国子鱼等传统名菜，就是从1000多年前的唐代宫廷传出的。而这里的牛、羊肉泡馍等民间小吃，更是风靡大江南北。美味的食物和沧桑的历史融合在一起，成为古城西安的文化象征。

有着高高牌楼的广济街，历史悠久。古代，外国的使节

在城墙下玩陀螺的老人

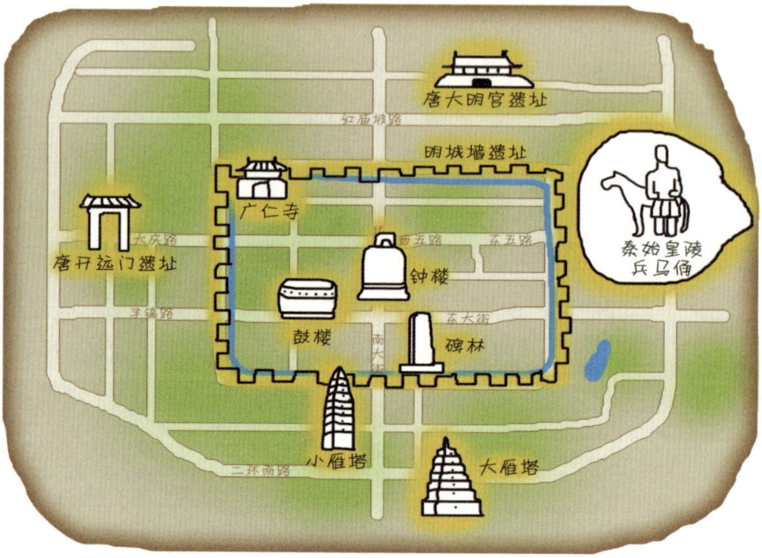

和来长安做生意的商家，都喜欢聚居在这里。街上开满了大大小小的饮食店铺，游客可以在品尝鲜美的食物之余，借机体验一下西安淳朴的民俗风情。

沧桑厚重的千年古都，收藏着许多有代表性的文化标签。比如西安古城墙，它是西安重要的历史遗迹，展现了昔日的古城风貌。它至今已有1400多年历史，由明太祖朱元璋在隋、唐皇城的遗址基础上耗时八年扩建而成，是中国现存规模最大、保存最完整的古代城池建筑。古城墙包括护城河、吊桥、闸楼、箭楼、正楼、角楼、敌楼、女儿墙、垛口等一系列军事设施，呈“井”字形布局，构成了完整严密的城防体系。经过千年岁月的侵蚀和炮火的破坏，古城墙仍完整地保存，不能不说是历史遗留给西安的奇迹。古城墙的存在，让西安的古朴和厚重更为具体而真实，也更加容易感受。对西安人来说，城墙既是建筑文物，也是人们生活中必不可少的设施——城墙现有的18个城门，是所有人出入繁华市区的必经之路。无论是游客还是市民，每天路过这里，都能感受到历史的气息和文化的悠远。

喀　什

赶着驴车去巴扎

喀什是中国最西端的一座城市，是古丝绸之路中国段南、北、中诸道的交会点。早在公元前2世纪，喀什就是西域三十六国中的一个，唐朝时期跻身著名的“安西四镇”。小城有很多迷人之处，包括优美的自然环境、宁静的田园风情和神秘的民族文化。据说在中国家喻户晓的民间故事的主人公——聪明的阿凡提也出生在这里。

人们常用“不到喀什，就不算到过新疆”来比喻到喀什观光旅游的重要，说明喀什真的是值得前去的地方。喀什地区与塔吉克斯坦、阿富汗、巴基斯坦接壤，与吉尔吉斯斯坦、印度为邻，边境线长888公里，这个地方集合着中国的传统文化和地方民族特色，同时又充满了优美的

小姐妹

艾提尕尔清真寺

自然风光和异域风情。喀什的大街上，经常能看到成群结队的欧洲游客，喀什的机场每天有若干班次的国际航班起降。许多内陆城市的游客到了这里，感觉像是到了一个异域小城，但那些和善的维吾尔族笑脸，却又分明是中国的。

无处不在的异域风情印证了喀什的魅力。作为丝绸之路上的重要中转站，喀什以它地域上的优势和便利，成为中国西部开放最早的国际市场。自汉朝开始，友好的使者和骆驼队就穿越茫茫的沙漠、戈壁和山岭，把中国珍贵的丝绸和瓷器输送出去，又把异域的各种珍宝带回国内，贸易让这个边陲小镇变得异常繁华热闹。如今的喀什更是市井繁盛之地，这里有南疆最大的贸易市场“东门巴扎”，巴扎上，游客可以看到精致漂亮的维吾尔族小花帽、做工精巧的英吉沙小

喀什热闹的大巴扎

刀、造型各异的铜器和具有民族风格的陶器等手工艺品，充满了民族特色和异域风情。

国际贸易的繁荣，也给中西文化的交流提供了空间，文化的融合给这个小镇留下了丰富的历史遗存。在城市中心最显眼的地方，有一座伊斯兰风格的建筑，这便是喀什城的象征——著名的艾提尕尔清真寺。艾提尕尔在维语中是“节日，欢乐的广场”的意思。艾提尕尔清真寺最早建造于1442年，后来进行了大规模的扩建，成为中国最大的清真寺。清真寺南北长140米，东西宽120米，是全新疆的宗教活动中心，同时还是穆斯林庆祝古尔邦节和肉孜节的场所。每逢礼拜日和节日，会有成千上万的伊斯兰教徒集结在礼拜寺及大门内外的广场上，身着节日盛装的维吾尔族青年载歌载舞，

通宵达旦狂欢，场面十分热闹。

同样值得一游的，还有著名的香妃墓。香妃墓是一座典型的伊斯兰式陵墓建筑，距今350多年，现为国家级重点文物保护单位。墓内葬着乾隆皇帝的妃子以及她的家族的五代，共72人。据说这个叫伊帕尔汗的女子身上有一股浓郁的沙枣花香，所以叫香妃。陵墓的顶部，如倒扣的铁锅，下边方方正正，外表用湛蓝、碧绿、金黄各色琉璃砖瓦镶砌。远远望去，五彩斑斓，耀眼夺目，宛若一座宏伟高大的宫殿。这座建筑把民族神奇的建筑智慧呈现得淋漓尽致，也成为喀什弥漫着神秘色彩的人文遗迹之一。

葡萄熟了

美丽的喀什也是适合放松心灵的优美田园。喀什出产大量瓜果，是久负盛名的“瓜果之乡”。这里出产的葡萄大概有500多个品种，一部分用来制作香甜的葡萄干、酿造醇厚的葡萄酒，一部分供直接食用。喀什市郊种植有大面积的葡萄园，仲夏季节葡萄成熟时，满城飘香。翠绿的葡萄架下悬挂着晶亮透明的葡萄，白色、红色、紫色、金黄色，形态不一，却都让人垂涎欲滴。好客的维吾尔老乡，会慷慨地邀请客人品尝。在喀什的大街上，经常会看到游客一边吃葡萄一边逛街。喀什的街道充满浓郁的生活气息，烤馕的维吾尔族大婶、打铁的维吾尔族汉子、安坐在太阳底下的老人、嬉戏的儿童，日子过得悠闲自在，偶尔还有赶着毛驴车的维吾尔族老人扬着鞭子走过……

成　都

过着安逸的日子

位于四川盆地西部成都平原的成都市，是西南地区重要的中心城市。著名的都江堰水利工程的自流灌溉，使这里自古以来就是闻名遐迩的“天府之国”。

富庶的成都拥有独特的茶饮、休闲文化，成都式的生活方式在中国城市中独树一帜，城市居民生活质量在中国城市中

茶馆人生

杜甫草堂之秋

也一直名列前茅。成都的舒适和安逸需要停留后才能慢慢体味，可是很多人往往把它当作了中转站，就连当地的旅行社向客人推荐的时候，也只把青城山、都江堰、峨眉山，甚至远处的九寨沟和黄龙当作首选，因为成都周边这些自然和文化遗产真的太优秀了，人们从四面八方而来，终极目的就是为了到这些地方游览。殊不知，这样一来，就会错过成都的精彩。要知道，这个城市独特的文化和它缓慢悠闲的都市生活节奏，并不是每个城市都拥有的。

精彩的川剧表演

街头的漂亮妹妹

让我们从饮食文化谈起。在成都，吃是一件很惬意的事，而且不一定非上名店不可。各色各样的精美小吃就充分体现了川菜的魅力，比如龙抄手、赖汤圆、夫妻肺片、担担面、老四川灯影牛肉干等。到了夜晚，羊市街西延线、科华北路、领事馆路、望平街等成都的饮食街，生意红火，绅士淑女们在此大快朵颐。成都菜以辣味居多。作为中国四大菜系之一的川菜以麻辣闻名天下，其强劲的势头早已渗透到中国各地每个角落。就连以口味清淡出名的上海、苏杭等地，川菜馆也是遍地开花，不能不让人惊叹川菜的魅力。

街头巷尾都能感受到成都悠闲的气息。成都有很多值得一去的小巷，比如全长350米的锦里风情街。街上有着古朴的茶坊、客栈、酒楼、戏台，各色小吃店和工艺品店毫不重样。另外还有包家巷、青龙巷、烟袋巷等，每条巷子都有自己的特色饮食，又能满足游人衣食住行的各项需求。不管是本地人还是外地客人，不需要依赖地图，你只消凭着感觉在街头慢悠悠地晃过，老成都的味道马上就能品味出来。

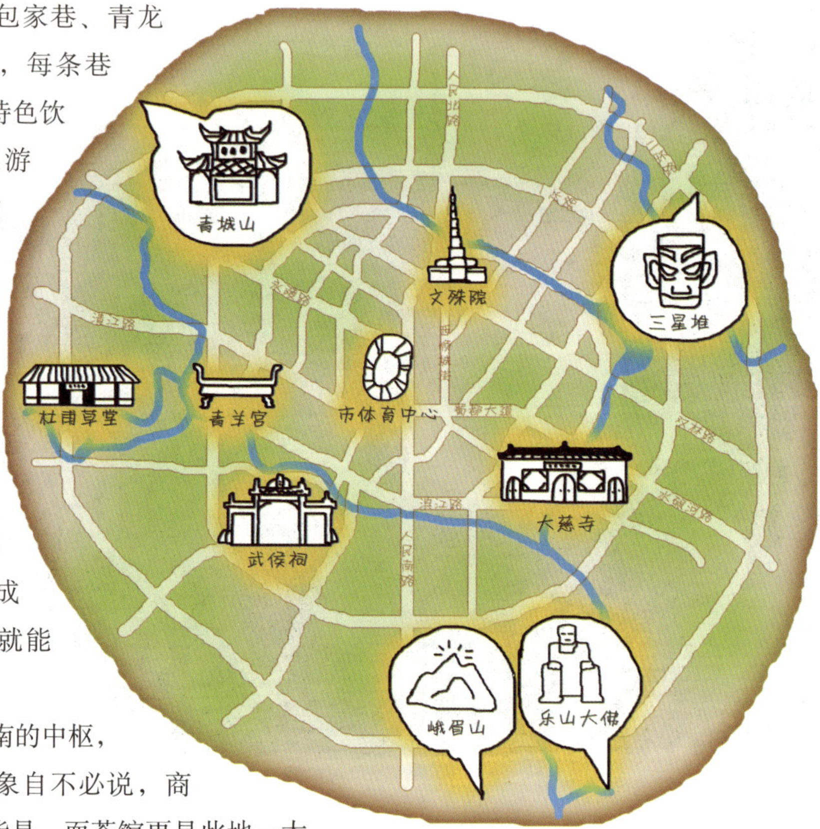

作为大西南的中枢，成都的繁华景象自不必说，商铺、坊场比比皆是，而茶馆更是此地一大特色。成都人爱喝茶的传统由来已久，露天茶馆和临街店面都各有各的特色。小憩、读书、约会甚至商谈，都可以在茶馆进行。露天的茶馆摆着雅致的藤椅，天气好的日子，往那里一坐，一杯花茶，一卷在握，一晃就是一天的时光。

茶馆是成都人的一方乐土，成都人生活的艺术尽在其中。体味成都人的生活，泡茶馆是一个好方法。成都茶馆具有丰富的社会功能，除了休闲之外，还是重要的社交场所和娱乐场所。茶余饭后，就着茶点小吃看曲艺表演，谈笑风生，实在很让人愉快。很多茶馆都安排有各种表演节目，以吸引客人。所以在茶馆往往能欣赏到川剧、杂技、民族歌舞等，这些节目很有巴蜀特色，也能让游客体验到很大乐趣。比如川剧中最为著名的“变脸”绝技，就可以在一些老茶馆看到。

文化公园的空地上，偶尔也能看到木偶表演。川剧木偶戏是很珍贵的民间艺术，它在街头出现，跟做竹编的阿婆、补鞋匠、裁缝等奇特的匠人一样，都让人感觉到这个城市的神奇和趣味。

成都普通的街巷，尽管没有那么热闹，却也充满了浓郁的生活气息。巷口的老人，要么在树下遛鸟，要么扎堆打麻将。游客逛到这里，完全可以围观一会儿，打麻将的老头老太自顾埋头发牌。停留的工夫，不时就有衣着光鲜的美女走过。这个城市得天独厚的地理条件造就了女孩白皙的皮肤和娇小的身材，美女和美食一样，也是成都的城市名片之一。

这个城市的民风闲散而无拘束，这个城市的生活优雅而充满诱惑。许多在成都中转的游客，本来是随便转转感受一下氛围的，却往往因为城市这些让人心动的特质，而长久地留了下来。

拉　萨

当阳光照耀布达拉宫

洁净的自然环境，独特的民族风俗，神秘的宗教文化……拉萨是人们心中的圣城。

这是一个纯净、古朴的世界。拉萨的天是一种原始和圣洁的蓝，能涤荡人的灵魂。西藏是中国日照时间最长的地区，拉萨有“日光城”之称。亘古的阳光普照高原大地，它照耀着雪山、碉楼、寺庙、荒野，照耀着行人、牛羊、玛尼堆、湖泊。拉萨的洁净是清澈透明的，空气仿佛被水洗过

大昭寺外转经的老人

雄伟的布达拉宫

了一样。吉曲河从终年积满白雪的唐古拉山冰峰雪谷中奔涌下来，流经无数森林峡谷，在曲水汇入雅鲁藏布江，形成难得一见的雪域奇观。吉曲河的水质清澈幽蓝，被称为“蓝色欢乐之波”。拉萨古城和布达拉宫就伫立在这条蓝色河流旁边，巍峨的建筑和纯净的河流情景交融，十分迷人。

进入西藏高原之后，山间路旁到处都能看到随风飘舞的经幡。身着藏袍的藏民，手持转经筒，目光坚定、态度虔诚，跋涉千山万水，在朝圣的路上，不知疲倦地磕着长头。佛教对西藏地区人们的生活有着独特的影响。在拉萨，老年人每天起床后就开始在家庭小佛堂神龛前添酥油、换净水，祈祷片刻，接着登上屋顶平台焚烧香草香树，祭祀山神、水神和家宅神，请求保佑。然后是邀请邻居街坊一起出门转经。他们一手数念珠、一手摇动转经筒，口念六字真言，成

群结伴围绕寺庙佛塔按顺时针方向匆匆行进。

虔诚叩拜的信徒

西藏的宗教活动特别繁多。一年中有150多个大小节日和吉日，大都与宗教文化有联系。每逢藏历的马年、羊年和猴年，西藏许多著名的神山圣湖都要举行大规模的朝山转湖活动，冬季农闲季节朝圣的群众更多，超过10万人。

海拔3700多米的红山之巅，坐落着宏伟的布达拉宫。它建于公元7世纪，距今已有1300多年的历史，被联合国教科文组织列入世界文化遗产名录。依山而筑的布达拉宫体现了藏族传统的石木结构碉楼形式，又结合汉族传统的梁架、金顶和藻井特点，空间层次繁多，富有美感，是世界建筑史上的奇迹。相传好善信佛的藏族吐蕃王松赞干布

（617—650）迁都到拉萨后，经常在这座山上诵经祈祷；迎娶唐朝的文成公主之后建造了这座宏伟的宫殿。布达拉宫由两大部分组成，红宫居中，白宫横贯两翼。白宫是历代达赖喇嘛举行坐床、亲政大典等重大宗教和政治活动的中心。红宫是历代达赖喇嘛的灵塔殿和佛殿，其中以五世达赖喇嘛的灵塔最大，塔身高14.85米，据说塔身共用11万两黄金包裹，还镶嵌有上万颗珍珠、宝石、玛瑙等。红宫的顶楼，也是布达拉宫最高的地方，可以俯视整个拉萨城。阳光照耀之下，宫殿的金顶银顶闪耀着光辉，远处天空深蓝，白云悠远，神圣的景象震撼人心。

布达拉宫保存了丰富的历史文物和工艺品，称得上藏族艺术的宝库，其中有5万多平方米的壁画，内容涉及宗教故事、风俗民情、历史事件，色彩和人物形象都栩栩如生。这些古老的壁画表现了公元7世纪汉藏两民族和睦相处的情景，是中国多民族统一国家形成的历史见证。

喇嘛

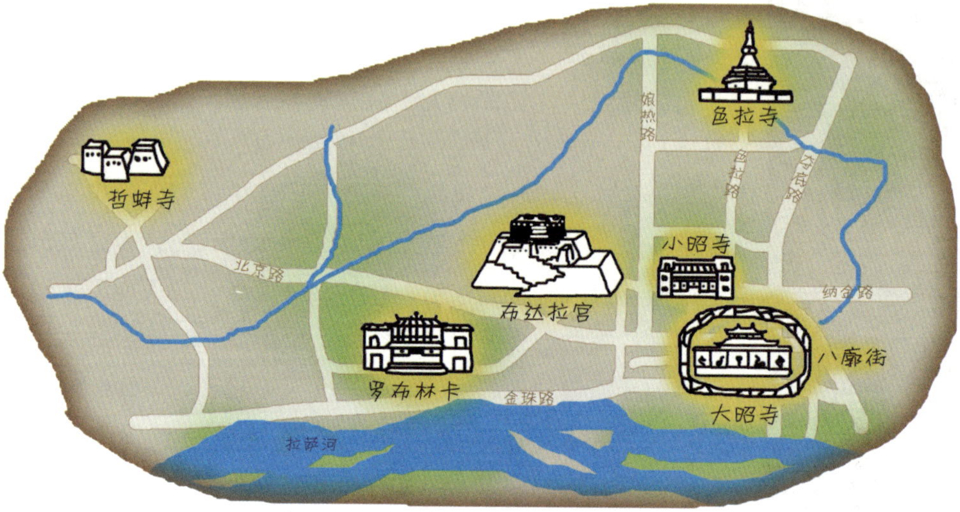

位于拉萨市中心的大昭寺，也承载着这种文化背景。这座建造于公元647年的庞大建筑群，是藏王松赞干布为纪念文成公主入藏而建。以大昭寺为中心修建的八廓街，是拉萨历史上最早、最繁荣的地带，那里保留着古城的传统面貌和居住方式。常常有虔诚的信徒手摇经轮，进入八廓街，绕大昭寺不停地转经，宁静而坦然。

青藏铁路的开通让神秘的拉萨不再遥远。当人们乘坐着从北京、上海开出的特快列车前往西藏时，沿途会看到成群的牦牛和藏羚羊，还有随风飘扬的经幡和桑烟，高原画卷徐徐展开，呈现在每一个向往它的人的眼前。

昆 明

寻找阿诗玛

昆明南濒滇池，三面环山，唯独中间是平坦的。独特的地形使这里一年四季都温暖如春，鲜花四季盛开，所以昆明又是有名的“春城”。历史上，昆明是中国陆路通往东南亚、南亚的重要通道，汇集了多种文化。自1999年世界园艺博览会之后，昆明更是名声大噪，丰富的民俗风情和世界珍奇园林园艺精品让游客痴迷。

昆明是中国最具民俗风情的城市之一，这里的少数民族

石林春色

阿诗玛的微笑

个个能歌善舞。昆明生活着20多个少数民族，每个民族都有自己的舞蹈。这些民族舞蹈，具有悠久的历史，通常有着多变的造型，肢体语言丰富，加上色彩鲜艳的民族服装，表演起来充满动感和韵律，既传统又现代。更让人好奇的是，即便是同一个民族，居住的地方不同，舞蹈的种类也不一样。比如彝族的舞蹈，就有七大类。闻名中外的傣族孔雀舞，经过艺人的不断创造，也形成了不同的流派特色，傣族的很多村寨都有人会跳。深入民族村寨，常常能看到衣着鲜艳的姑娘载歌载舞的情景。

著名的彝族火把节，是昆明旅游最豪放的节目之一。彝族的传统火把节，一般在每年农历六月的某一天举行，地点就在石林县。根据彝族太阳历，这一天是太阳在运行轨道上最正的一天，正午太阳照射到人身上时，人看不到自己的影子。彝族人把这天当作喜庆的日子。节日期间，村寨里杀鸡宰羊，男女老少穿上盛装，比赛斗牛、摔跤，到了夜晚，村寨的空地上会燃起火把，并堆成火塔，人们手拉手围着火堆，边跳边吼，通宵达旦。不过，如今这些节目已不光是在传统的火把节上演了，在普通的旅游季节，当地一些村寨也会在夜晚组织年轻的姑娘和小伙子给大家表演。跳着跳着，那些身着盛装的少数民族姑娘，就会主动走到游客中间，大方地拉起游客的手，随着队伍在火堆旁起舞。在歌舞现场，即使是最文静害羞的游客，也会很快被调动起热情，情不自禁地融入跳舞的队伍，兴奋地边跳边喊。

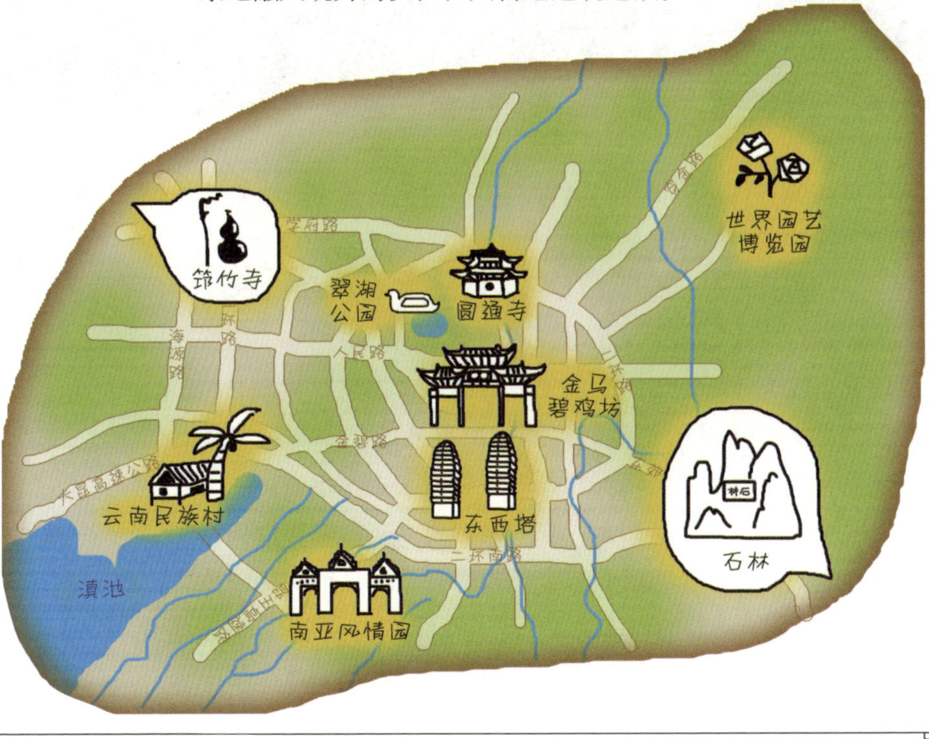

碧波荡漾的滇池，戏水的海鸥在飞翔。

昆明的石林是个奇特的地方。神奇的大自然用数亿年的时间造就了那里典型的喀斯特地貌奇观，面积有400平方公里。那里的石头奇形怪状，每一块石头都有着不同的姿态，一步一景，游人如同穿行在奇妙的画卷之中。中国有一个美丽的爱情故事《阿诗玛》就发生在石林。传说在石林撒尼族居住的地方，勇敢的青年阿黑和美丽可爱的姑娘阿诗玛相爱。黑心的财主想让阿诗玛做儿媳，就派人把她抢走。阿黑哥勇敢地把阿诗玛救了回来，在回家的路上，阿诗玛却被洪水冲走，她的身影留在了石崖上。如今在石林还能看到阿诗玛留下的倩影。美丽的传说让这里成了爱情的祈福地。

昆明的自然山水中，最有名的是滇池和西山。滇池是中

篝火旁的狂欢

国第六大淡水湖，也是国家级旅游度假区，这里风光秀丽，碧波万顷，被称作“高原上的明珠”。滇池周围的景观带中，有“滇中第一美景”西山，站在远处看，它就像一位侧卧的睡美人，秀美而充满风情。西山人文古迹众多，有华亭寺、太华寺、三清阁、龙门古刹等胜景，其中华亭寺是云南境内最大的佛寺之一。《中华人民共和国国歌》的作曲者聂耳的墓也在西山。

丽　江

温婉栖居

美丽古朴、风景如画的丽江是一个适合游人放松休憩的地方。丽江古城位于云南省西北部，始建于南宋（1127—1279），是滇藏商道上重要的物资集散地。历史上，南方的丝绸和茶叶等物品，通过这个古镇运入藏区，以及更远的印度、尼泊尔等地。

如今的古镇以四方街为中心，大街小巷曲曲折折，两

丽江古城

古城一景

店铺里刺绣的手艺人

旁是土木或砖木结构的民居。在城内信步游走，“三坊一照壁，四合五天井，走马转角楼”式的瓦屋楼房鳞次栉比。它们既突出整体的结构布局，又注重细部的雕绘装饰，游人漫步其间，如同进入了明清民居博物馆，古老的气息让人着迷。位于古城西南隅的明代木府，被当作丽江古城的“大观园”。这座过去土司的宅院建筑之宏伟，雕刻之精细，可谓美轮美奂。明代徐霞客（1586—1641）曾感叹，木府宫室的华丽几乎超过王宫。木府的建筑兼容了中原文化和纳西古文化的特征，独具特色，府内还种植着数不清的名木古树。木府是丽江最具中国园林特色的古建筑代表，华丽而高贵。

不过就整个古城区的建筑来看，丽江古城却更像一幅古朴自然的画卷。从城北流入古城的三股玉泉河水，到了城内分成无数支流，穿街绕巷，形成了“家家门前绕水流，户户屋后垂杨柳”的场景。城内300多座建于明清时期的石桥，连

丽江束河古镇，追寻茶马古道的痕迹。

接着铺满彩石的街道，它们与古墙、民居、河水、绿树、古巷相映，极具高原水乡人家的美学意韵，吸引着四面八方的游客。

与古老的建筑相呼应，小城内纯朴自然的生活场景比比皆是。城内有利用涌泉修建的“三眼井”，上游池子里的水是供饮用的，中游池子里的水用来洗菜，而最下游的水是用来漂衣的。丽江的古街和民居都是傍着水渠，所以一路走过，经常能看到蹲在水渠边洗菜漂衣的妇女，她们无意中抬头看到游客，总会礼貌地笑笑。那些背包的外国游人，也会用生硬的汉语问候她们。

在丽江古城，抬头可以看见终年积雪的玉龙雪山，它位于古城北15公里处，以险、秀、奇著称，主峰海拔5500多米。南北向排列的玉龙十三峰，气势逼人。让人惊奇的是，随着时令和阴晴的交替，山上的景观还会不断变幻，犹如巨龙在雾中穿行，显现大自然造化的神奇。

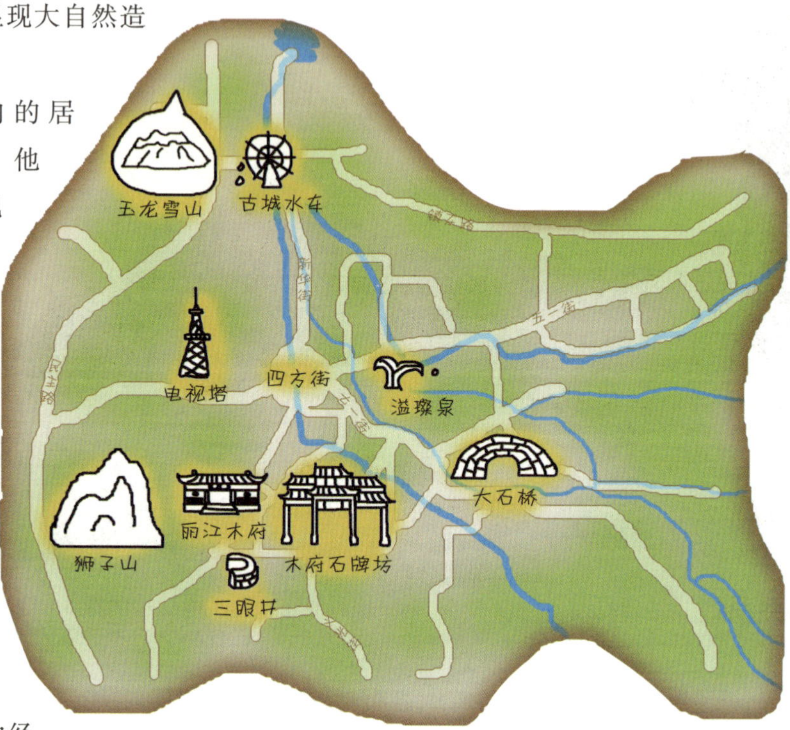

丽江古城内的居民，多为纳西族，他们拥有神秘的东巴文化，主要包括东巴文字、东巴经、东巴绘画、东巴音乐、东巴舞蹈、东巴法器和各种祭祀仪式。其中东巴文字是世界上唯一保留完整的活着的象形文字，用东巴文字写成的经书，现存约4万册，分别收藏于中国以及美、英、德、法等国的图书馆、博物馆。而被称作“中国音乐的活化石”的东巴音乐，是明清时期传入丽江的中原道教洞经音乐，因在演奏技法和曲子处理上融入了纳西族风格，所以也称“纳西古乐”。纳西古乐有一套严格的传承方式，演奏者多为年老艺人，乐器也很古老。在丽江美丽的夜色中，听着柔和悦耳的纳西古乐，实在是莫大的享受。半个世纪前，旅居丽江的俄国人顾彼得（Peter Goullart）描绘他听古乐的感受时说，这种地道的中国古典音乐似乎在描述这样一块乐土：这里的生活多么宁静、安谧。

香　港

混血之都

香港位于中国南海之滨珠江口东侧，北边与广东省深圳经济特区相接，西边与澳门隔海相望。香港是个不断创造奇迹的城市，在20世纪70年代一跃成为世界级金融中心，经济一直保持着世界上少有的发展速度。国际化市场规则的通行，以及中国传统和西方文明的融合，在香港都发挥得恰到好处，这让香港保持着强大竞争优势的同时，也造就了丰

香港九龙半岛尖沙咀全景

香港街头的露天咖啡馆

富多彩的国际大都会文化。香港是最早实施自由经济体系的地区，建立了最完备的法律体制，以保障香港营商环境的便利，从而进行自由的贸易和公平开放的竞争，由此吸引了大批外国金融机构进驻香港，给香港金融业注入了持续的活力。香港现已形成包括银行体系、外汇市场、货币市场、证券市场、保险业以及投资管理等高度发达的金融运作系统和一套成熟的金融监管机制，这些机制保障了香港金融市场在高效透明的监管下运作，并让香港的国际金融中心地位日益巩固，成为拥有外资银行数量和外汇储备量都居世界前列的亚太国际贸易、金融中心。

香港跟中国内地血脉相连。今天的香港跟中国内地产生越来越多的互动，既有经济的、也有文化的和生活的。在经济方面，香港与中国内地有着天然的联系。香港大部分制造业已转入内地发展，服务业则为两地间的投资和贸易活动提供各项服务。大量的内地企业来香港上市筹资，促进了香港

香港最长的室外电梯，直通太平山顶。

金融证券业的发展。香港也充当了内地引进资金、技术、管理的重要对外窗口和中介。在文化方面，弹丸之地的香港，诞生了众多娱乐明星，他们创造了世界上最精彩的娱乐文化，导演着世界级的影音盛事；香港的时尚、前卫和国际流行，通过他们迅速向中国内地传播，又与内地的传统文化互相渗透，形成让国际追捧的中国流行文化元素。

作为前沿的消费文化，香港的购物也是值得向国外游客推荐的。因为香港是自由港，商品来自世界各地，大部分物品不收关税，所以香港的货品不论是种类还是服务，都居世界前茅，而且价格便宜。香港岛和九龙两个地段，通常被视为购物的“天堂”。游客一边购物，一边穿行在洁净的街道和商店之间，欣赏城市的美丽景观。那些高大的建筑，融合了欧洲特色的经典，内饰却充满了强烈的中国色彩。

在香港岛繁华的大街上，还有古老的有轨电车。香港的有轨电车是1903年开行的，一直到今天还走着相同的路线。伴着叮当作响的车

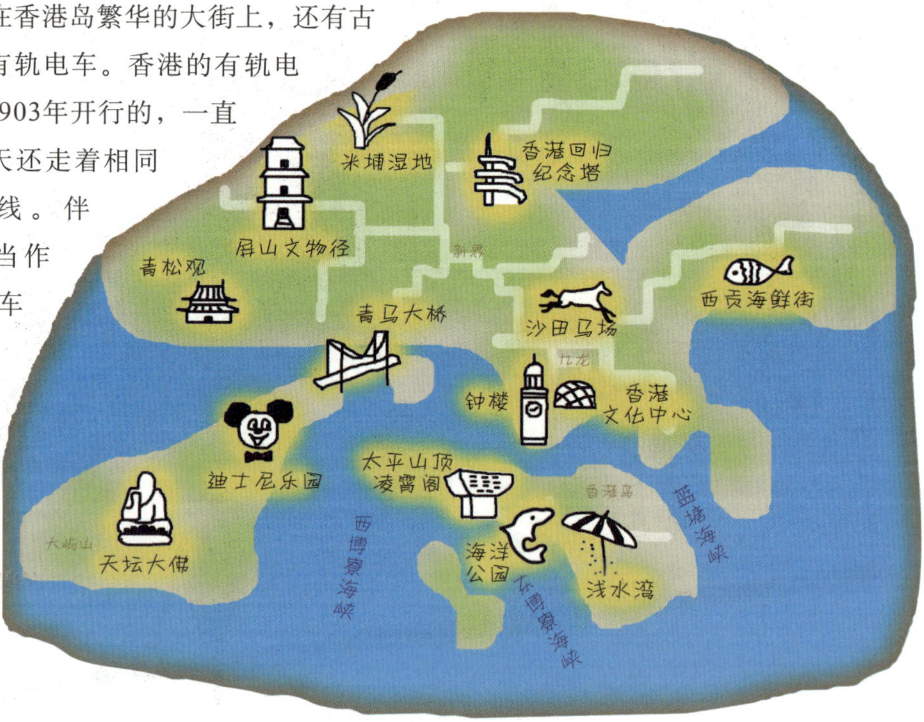

街景

铃，电车每天载着购物的市民和游客，沿着轨道不紧不慢地从坚尼地城至筲箕湾、跑马地，穿越了上环、中环、湾仔、铜锣湾等港岛最为繁华的闹市，深入到港岛的每一个角落。有轨电车这种香港最悠闲的交通工具，车厢一律是古旧的，老式的方向盘、门窗、座椅、楼梯都是木质的，暗红的油漆早已褪尽，却依然结实干净。另外，在维多利亚港内缓缓穿梭的天星小轮，是从1898年起就每天往返于港岛和九龙之间的轮渡，现在每天还开行400多班。坚固的甲板、木制的座椅都透出一股历史的气息，让穿行在港岛的乘客真实地体验到这个城市亦中亦西的文化味道。这就是香港，它是古老而怀旧的，也是时尚而前卫的。

澳　门
妈祖风采

从小渔村发展起来的澳门，城市面积中有一半是填海所得。这个位于中国南海之滨珠江口西侧的城市，是世界上人口最稠密的地区之一。它由澳门半岛、氹仔岛和路环岛三部

新葡京娱乐场

分组成，距离香港仅60公里。在人们的印象中，澳门是一个以娱乐博彩业闻名天下的城市，是“东方的蒙特卡罗”。然而，除此之外，澳门历史文化和城市建筑的魅力，如今看来似乎更为有趣。

世界最高的汉白玉妈祖雕塑

在中国所有的城市中，澳门是中西文化交融时间最长的一座。自16世纪被葡萄牙占领，到1999年12月20日回归中国，澳门在400多年的时间内，经历了中西文化的不断碰撞、交流和融合，积淀出了丰富的历史文化遗产。今天澳门众多的名胜古迹、中外建筑、街区小巷，都是400年风雨的见证。

已经有500年历史的妈阁庙（原称妈祖庙），是澳门最古老的庙宇，也是澳门的标志之一。妈祖是传说中为渔民和商人消灾解难的海神，妈阁庙是供奉海神妈祖的庙宇。妈阁庙坐落在澳门半岛的东南面，建筑是沿岸修建的，背山面海。这里汇聚了鲜活生动的中国民俗，每年春节和三月二十三日妈祖诞辰期间，妈阁庙内香火鼎盛，前来祀拜祈福的善男信女络绎不绝，展现了一幅充满奇趣的澳门风俗画卷。

1998年10月，澳门在城市的最高点、路环岛的叠石塘山顶又竖起了一座全世界最高的妈祖雕像，原本人迹罕至的路环岗顶，很快就变得车水马龙，人声鼎沸。这尊高达19.99米的妈祖雕像，由120块汉白玉石镶嵌而成，其中妈祖脸部由一块完整的汉白玉石雕刻而成，容颜慈祥温和。雕像远眺澳门海面，全身晶莹洁白，游人无论从海面还是陆地，都能很清晰地看到她。

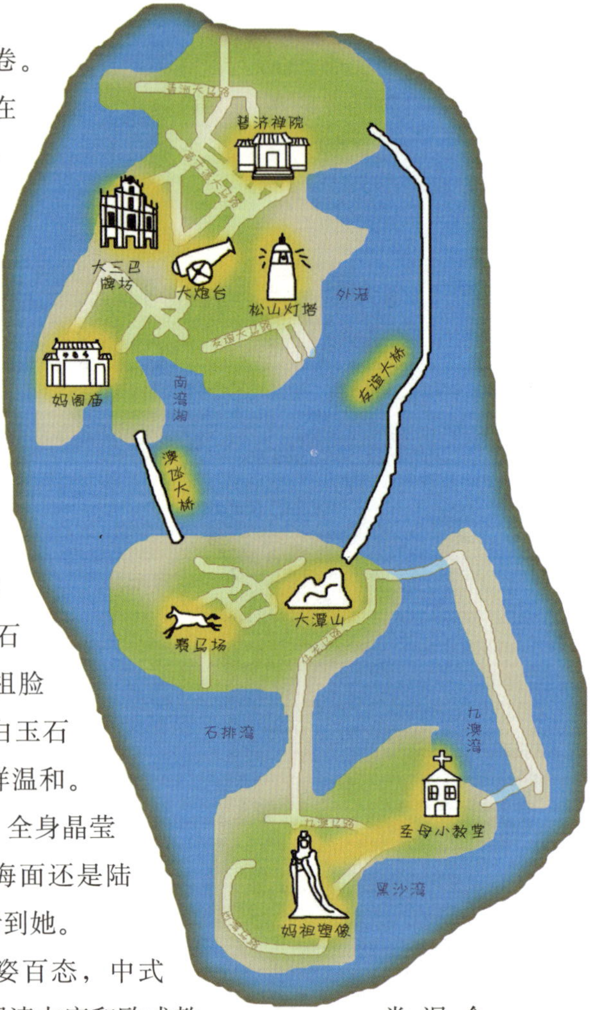

澳门的建筑千姿百态，中式大院与西式洋楼、明清古庙和欧式教堂混合在一起，或古朴，或典雅，或华丽，每幢建筑都别具情调。置身其中，仿佛是进入了建筑文化艺术的长廊。作为历史上的宗教文化中心，澳门既有儒、释、道等古老的中国宗教，也有后传入的天主教、基督教、伊斯兰教等宗教，各宗教独立发展，又相互包容。这种文化上的多元性在建筑方面也得到了体现，著名的大三巴牌坊，就是融合了东西方文化的建筑精华。

大三巴牌坊位于大三巴斜港，是圣保禄教堂前壁的遗迹，由于它类似中国传统的牌坊，因而得名。大三巴牌坊已有350多年历史，牌坊分为上下四层，顶部为三角楣，上面既有四位耶稣会圣人全身塑像，又有身着白袍的修士石刻围绕，极富宗教色彩。位于大三巴牌坊不远处的圣保禄炮台，是300多年前为防海盗、保护传教士及居民安全而建造的，是澳门最大的炮台，可惜的是其部分建筑在1835年与圣保禄教堂一同遭火焚。这个曾经的军事禁地，后来被辟为旅游景点。

澳门的面积不大，却拥有不少美丽的公园，既有完全欧陆风格的花园，也有中国传统特色的园林，中西文化交融的影子随处可见。此外，澳门还拥有洁净的天然海滨浴场，位于路环岛，海湾呈半月形，沙滩宽约1公里，滩面由均匀、幼滑

大三巴牌坊是西方宗教艺术与中国传统石雕艺术相结合的精品，已成为澳门的标志之一。

的细沙组成，沙色黝黑，故有“黑沙滩”之称。这个由特定海洋环境形成的沙滩，成了澳门一处神秘的自然景观。

澳门是一个适宜徒步游览的城市。地方虽小，却充满了万花筒般丰富的诱惑，游客不用担心因此迷路，因为即便无意中脱离了原来的游览路线，也会很快发现其他的美景。

充满神秘气息的黑沙滩

台 北

健康生活

台北是一个发展迅速的国际都会。四五百年以前，这里还是一片沼泽密林。明朝的郑成功驱逐荷兰殖民者后，派兵到这一带开荒。1875年，中国清代的钦差大臣在此建立台北府，统领台湾政务，这里从此有了台北之名。中华文化在这个城市的积淀和它自身对先进文化的吸蓄能力，成就了台北的盛名。

台北拥有规划合理的棋盘式道路系统、交错耸立的高楼以及成片的公园绿带，城市的生态和环保意识也很强。民众的生活方式及态度，都保持着健康的形态。台北是一个适

阳明山上采花的民众

阳明山人文景观之一：幽雅的林语堂故居。

合居住的生态城市，自然山系景致和名胜古刹交织出丰富的人文景观。北边的阳明山公园是台湾最具自然风味的公园，称得上大台北的生态后花园，四季风情韵致各有不同。阳明山上分布着很多火山遗迹，地热和温泉远近驰名。因为地质原因，阳明山的生物种群也很丰富，每年5月到8月间，成百上千只绚丽斑斓的蝴蝶，在溪流山涧和花丛中起舞。游人可以沿着登山步道，边走边欣赏蝶群飞舞的美景。说到登山步道，这也是台北特有的。通常是在山林环绕的自然景观中，设立木制的道路，方便市民及游客健身休闲。在台北市南区的木栅山区，如今已开发了20条亲子登山步道。步道与公园在城市间连缀，都市与自然的接壤十分紧密。通常走几分钟车程，就能享受到自然的幽美。

阳明山除了天然美景外，还有中山楼、林语堂故居等人文景观。中山楼是为纪念孙中山先生百年诞辰而建，里面的

雄伟的台北故宫博物院

精品文物价值连城，其中四幅绘有四季美景的景德镇瓷画，堪称绝品。而坐落在半山腰的文学大师林语堂（1895—1976）故居，是洋溢着浪漫西班牙风情的庭园，建筑十分幽雅。故居中保留的林语堂当年使用的物品，也完整质朴，很值得品味。

此外，居于台湾岛内文化龙头地位的台北，也拥有为数可观的博物馆、美术馆、纪念馆、庙宇、古迹等。位于台北外双溪的台北故宫博物院是岛内首屈一指的艺术宝库，也是收藏中国传统文化的地方，始建于1962年。其建筑设计吸收了中国传统的宫殿建筑形式，淡蓝色的琉璃瓦屋顶覆盖着米黄色墙壁，洁白的汉白石栏杆环绕在

元宵节即将到来，饮食店忙着做元宵。

青石基台之上，风格清丽典雅。博物院里面藏品之丰富也是举世公认。

传统文化对台北的生活有着很深的影响。位于台北市大稻埕的迪化街，已经有150年历史，是台北现存最完整也最具历史意义的老街，百年前的布局几乎没有改变。迪化街上的霞海城隍庙，以规模盛大的迎神赛会和众多的信徒闻名全岛。这些地方是了解老台北民风民俗的绝佳途径。

在高楼大厦交错耸立的国际都会台北，追求时尚和文化的风气也十分浓郁。成立于1989年的诚品书店，如今已成为台湾的一个文化地标。诚品敦南旗舰店是全台湾大型连锁书店中唯一一家通宵不打烊的书店。深夜的时候，还可以看到身着牛仔裤和T恤的年轻人，坐在书店干净的木质地板上安静地读书。

跋：行走在城市边缘

小杰是我的弟弟，忽一日悄无声息地发了部书稿在我的邮箱里，关于中国的城市。

顺着目录看下来，每个城市都有一两个不可替代的主题词，三十个城市，我都到过，对于这些地方，我的记忆又是什么呢？

我是一个行者。在过去的二十多个年头中，出于职业的需要与兴趣的驱动，一座又一座的城市成为我记忆深处鲜明的景观。准确地说，我真正心怀眷恋的是城市之外的山水，而从山巅到水崖的穿越之间，城市是我栖身的驿站，我能准确想起每一座城市空气的质感：或干燥清冷，隐约中似有漂浮的冰雪；或潮湿滋润，让疲惫的神经一瞬间就恢复了弹性。还有那不同城市的特色口音，尾韵里的那点生动，离了这个地方就再也复制不出来。

这些个叫作城市的地方，在我的记忆中始终未曾走远……

西湖边上，一盏清茗在握时，总看见氤氲缭绕的香气弥漫在一湖烟波往事中，恍惚觉得一千年前，杭州叫作临安时，我一定是个西湖画舫中的书生，如同《花间集序》称“有绮宴公子，递叶叶之花笺，文抽丽锦；有绣幌佳人，举芊芊之玉指，拍案香檀……”这个城市的绘声绘色的传奇故事，袅娜了千年，犹自不远……

站在丽江的太石桥上，朗日之下，流水涤荡着时光，哗啦啦地从一座没有围墙的城池里流过，远处的玉龙雪山缄默地酝酿着千年的冰雪，近处桥头上一家卖布农铃的小店传出昔日马帮悠远的声音……时间与空间的边界在这座城市里变得模糊，纳西古乐若即若离地飘零出几个音符，红尘犹有未归人，总有一些魂魄，蛰伏在自己的名字之外，在一些前世今生的地方……

还有南京，沉郁葱茏的梧桐掩映之下，一步青砖就踩疼一段典故，六朝金粉褪色为一帧泛黄的薄纸，再见胭脂井时，清冽的井水里已经辨不出脂粉的嫣红。我曾经拉了当地的朋友带我去寻觅那一段“浪打石头寂寞回”的石头墙，问了许多人之后，穿越一片辽阔的垃圾场，终于，一处石头城墙根下吝啬地展露出一带斑驳的苔藓，浪涛拍打的动静却早已经平息……

城市是用来居住的，每一种居住体验都带着个人色彩，或流连于琴棋书画的审美感悟，或浸润于柴米油盐的琐碎日子。一个城市可以是归乡的缘由，怀旧的人只有在故里宗祠下才有安顿之感；一个城市也可以是一场爱情的邂逅，风物入心都带着另一个人的踪迹，时时可堪回味或者永远不敢触动。

我喜欢“城市之旅”这个名字，它是一个心灵入口，挂着城市的标牌；至于每段旅程在出口处如何书写，那就一定是千差万别的了。行走在一个城市与另一个城市的边缘上，走得多了会蓦然发现，不是我们穿越了城市，而是城市穿过我们的生命，用一帧一帧定格的年华，做成了记忆中永不褪色的风景。